DIE STADTGÄRTNER

Mit dem HOCHBEET durchs Jahr

Monat für Monat nützliche Pflanzpläne, Anbautipps und mehr

EMF

EIN BUCH DER
EDITION MICHAEL FISCHER

INHALT

Cocktailbar
Kleiner
Süß &
summend

VORWORT

HALLO GARTENFREUNDIN, HALLO GARTENFREUND,

WILLKOMMEN ZU DEINER GRÜNEN AUSZEIT!

Um dir gleich vorweg deine Zweifel zu nehmen: Gärtnern ist ganz einfach und deine erste Ernte nur wenige Gießkannen entfernt. Du brauchst keinen eigenen Garten, du brauchst auch keinen grünen Daumen. Alles, was du zum Gärtnern mitbringen musst, ist die Lust aufs Grüne und ein wenig Zeit. Da du dieses Buch bereits in den Händen hältst, gehen wir davon aus, dass es dir an ersterem nicht mangelt. Du hast den Wunsch zu gärtnern und wir helfen dir dabei, ihn in die Tat umzusetzen. Doch warum eigentlich gärtnern? Dafür gibt es viele gute Gründe:

Gärtnern macht Spaß! Das wirst du ganz schnell feststellen. Es gibt nichts Schöneres, als an der frischen Luft zu sein und die Gedanken auf etwas zu fokussieren, was dank dir wächst und gedeiht. Dann entdeckst du ganz plötzlich das erste frische Gemüse im Beet von da an freust du dich täglich über die eigene Ernte. Alles bio, alles frisch, alles regional. Besser geht's doch gar nicht!

Hast du bisher gedacht: „Ich habe gar keine Ahnung vom Gärtnern", oder „Ich habe gar keinen Platz", sagen wir dir: Alles Quatsch. Bereits Schiller hat gedichtet: „Raum ist in der kleinsten Hütte" und hat die Hochbeete erfunden. Na gut, das war er vielleicht doch nicht, aber wer auch immer es war, derjenige war ein Genie!

Ein Stück Natur ganz für dich. Eine grüne Oase vor deiner Haustür. Ein Platz für kleine und große gärtnerische Träume. Ein Raum für bunte Experimente und grandiose Erfolgserlebnisse. Das alles bietet dir dein Hochbeet. Wir finden: Gärtnern im Hochbeet ist ideal für jeden. Punkt. Klar, einen Garten oder eine Fläche zum Aufstellen der Hochbeete braucht man schon. Aber dann erweist sich ein Hochbeet als äußerst empfehlenswert. Der Clou ist nämlich: Mit einem Hochbeet erzielst du auf kleinstem Raum den höchstmöglichen Ertrag. Nette Nebeneffekte: Die Arbeit ist vergleichsweise überschaubar, die Arbeitshöhe äußerst bequem und, dank unser vorbereiteten Beetideen, ist die Bepflanzung ein Kinderspiel!

Du liebst Pasta Bella Italia? Die Power heimischer Superpflanzen interessiert dich schon lange? Bei deftigen Grillrunden fühlst du dich am wohlsten? Oder bist du eher der Typ Naschkatze? Egal, wonach dir der Sinn steht: In diesem Buch findest du garantiert die passende Gestaltungsidee für dein Hochbeet! Und damit nicht genug: Die Gartensaison geht nämlich ab sofort von Januar bis Dezember. Wir haben dir tolle Ideen zusammengestellt, wie du auch vor und nach der Saison gärtnern kannst.

Also, Gummistiefel anziehen und dann ran ans Beet! Wir wünschen dir ein tolles Jahr voller Gartenfreuden und mit einer reichen Ernte!

Die Stadtgärtner

VORTEILE
EINES HOCHBEETS

Alles hat Vor- und Nachteile. Wirklich alles? Das bezweifeln wir. Hier kommen sieben gute Gründe, warum du dir auf jeden Fall ein Hochbeet anschaffen solltest. Lies und überzeuge dich selbst.

#1: ES IST GUT FÜR DIE HALTUNG

Vor etwa drei Millionen Jahren hat der Mensch sich aufgerichtet. Höchste Zeit also, dies auch bei der Gartenarbeit zu tun. Jeder, der schon einmal auf Knien robbend mühselig seinen Garten von Unkraut befreit hat, weiß, wovon wir reden. Gärtnern kann ganz schön auf den Rücken gehen. Nicht so das Gärtnern in einem Hochbeet! In aufrechter Haltung kannst du zukünftig ganz bequem im Beet buddeln und graben. Ergonomisch Gärtnern also – eine Wohltat für Rücken und Knie!

#2: ES FUNKTIONIERT ÜBERALL

Ein Hochbeet kann überall aufgebaut werden! Im Garten, auf dem Kiesweg, auf der Steinterrasse oder auch auf dem Balkon – überall kannst du gärtnern. Selbst gebaute Hochbeete können außerdem perfekt in jede noch so kleine Ecke gezimmert werden. Die Hochbeete in diesem Buch haben übrigens eine Größe von 120 x 80 cm, entsprechen also genau der Größe einer Europalette.

Derks Tipp

Achtung! Auf dem Balkon gilt es natürlich die maximal zulässige Traglast nicht zu überschreiten. Hier solltest du eher mit leichten Füllstoffen wie zum Beispiel Perlit arbeiten oder einen Hochbeet-Tisch verwenden.

3: ES IST DEKORATIV

Eine Holzkiste, naturbelassen, selbst gezimmert oder im Industrial Style mit Metallstecksystem zusammengesetzt. Ein Hochbeet sieht schick aus! Zum Stil deines Gartens oder deiner Veranda passend ausgesucht wird es die Umgebung optisch aufwerten. Natürlich kannst du dein Hochbeet auch selber bauen. Entscheidest du dich für die Marke Eigenbau, kannst du es voll und ganz nach deinen Vorstellungen herstellen. Verschiedenste Materialien wie Holz, Stein, Metall oder Kunststoff eignen sich zum Bau und auch die Größe kannst du individuell anpassen.

Geht die Gartensaison dann erst einmal los und die ersten frischen Kräuter und Salatblätter ragen oben über den Rand deines Hochbeets, werden deine Freunde Augen machen. Richtig prächtig steht das Beet nun da und überzeugt nicht nur durch knackiges Gemüse, sondern auch durch den dekorativen Charakter im Garten! Außerdem praktisch: Als Sichtschutz verdeckt dein Hochbeet den Komposthaufen oder schützt dich vor (mal wieder viel zu) neugierigen Nachbarn.

4: ES VERLÄNGERT DIE SAISON

Hier kommt die revolutionäre Nachricht für alle Gartenfreunde: Die Erntesaison geht ab sofort vom Vorfrühling bis in den Winter hinein. Einzige Voraussetzung: Du besitzt ein Hochbeet. Durch die verschiedenen Schichten im Inneren des Beets stellt sich von ganz alleine der Prozess der Kompostierung ein. So entsteht Wärme im Beet. Du kannst dir dies wie eine Art Heizung vorstellen, die von innen heraus strahlt. Weil die „Heizung" den Pflanzen unabhängig von der Außentemperatur Wärme spendet, kannst du mit dem Gärtnern im Hochbeet schon sehr viel früher im Jahr beginnen und musst sehr viel später erst wieder damit aufhören! Stattest du dein Hochbeet dann noch mit einem Dach aus, bist du gegen den ersten Frost bestens gerüstet.

#5: ES SCHÜTZT VOR SCHÄDLINGEN

Sie sind manchmal lästig, die kleinen Tiere im Garten. Wühlmäuse und Nacktschnecken graben sich durch die Beete oder knabbern die Blätter der gerade erst gepflanzten Rote Bete ab. Aber nicht bei dir, denn du hast ein Hochbeet! Allein durch die Höhe ist ein gewisser Schutz vor Schädlingen schon gegeben. Außerdem kannst du zusätzliche Vorkehrungen treffen. Das fängt schon beim Bau des Hochbeets an. Ein engmaschiges Drahtgeflecht am Boden des Hochbeets hält Wühlmäuse davon ab, von unten ins Beet zu kriechen. Wenn du gegen Schnecken auf Nummer sicher gehen willst, ist ein sogenanntes Schneckenblech um den Rand des Hochbeets eine gute Lösung. So bleiben die unwillkommenen Gäste garantiert fern!

Jans Tipp

Bitte kein Salz streuen! Nicht nur, dass die Plagegeister bei dieser Methode sehr qualvoll sterben – auch die Pflanzen in unmittelbarer Nähe würden die Tortur nicht überleben. Denn Salz entzieht allen Organismen das Wasser. Wenn du Schnecken mit Hausmitteln bekämpfen willst, solltest du lieber auf Kaffee zurückgreifen. Einfach Kaffeesatz um die Pflanzen ausstreuen oder einen starken Kaffee mit Hilfe eines Zerstäubers auf die Pflanzen sprühen. Nicht vergessen, die Pflanzen vor dem Verzehr gut zu waschen! Sind viele Schnecken unterwegs, hilft aber nur das Absammeln.

#6: ES ERHÖHT DEN ERTRAG

Es ist kein Gerücht, sondern die wunderbare Wahrheit. Wer ein Hochbeet hat, kann mit reichen Erträgen rechnen. Natürlich spielen äußere Faktoren wie das Wetter ebenfalls eine Rolle, aber mit einem Hochbeet schaffst du schon einmal die perfekte Grundlage.

Der Boden steckt voller wichtiger Nährstoffe, Wärme kann gut gespeichert werden und vor Staunässe braucht man keine Angst zu haben, denn übermäßiges Regenwasser fließt problemlos nach unten hin ab. Wer seinen Pflanzen, Kräutern und Gemüse gute Bedingungen bieten will, ist mit einem Hochbeet auf jeden Fall auf dem richtigen Weg!

#7: ES IST GANZ UND GAR „BIO"

Gemüse aus eigener Ernte. Ohne Pestizide, biologisch und regional angebaut. Klingt gut, oder? Mit einem Hochbeet kannst du dir genau das selbst schaffen. Weil du den Prozess von Beetvorbereitung über Anbau, Pflege und Düngung bis hin zur Ernte selbst in der Hand hast, kannst du dir immer sicher sein: Dein Gemüse ist durch und durch „bio". Wir finden: Das schmeckt man auch!

HOCHBEET CRASHKURS

Elegant, rustikal oder ganz natürlich. Für den kleinen Geldbeutel oder hochwertig. Selbst konstruiert oder als Schnellbaukasten. Für welches Hochbeet du dich entscheidest, hängt nicht nur von deinem Geschmack ab, sondern auch von den Gegebenheiten vor Ort.

MATERIAL	PRO	CONTRA
HOLZ	+ AUCH PREISGÜNSTIG ERHÄLTLICH (KIEFERNHOLZ) + EINFACHER AUF- UND ABBAU + INDIVIDUELLE GESTALTUNGSMÖGLICHKEITEN MIT FARBE	– RELATIV KURZE LEBENSZEIT VON EINIGEN JAHREN – MUSS ZUM SCHUTZ VOR NÄSSE/ FEUCHTIGKEIT REGELMÄSSIG MIT HOLZLASUR BEHANDELT WERDEN
KUNSTSTOFF	+ GUTES PREIS-LEISTUNGSVERHÄLTNIS + SEHR WITTERUNGSBESTÄNDIG + EINFACHER TRANSPORT, DA LEICHTES MATERIAL + GROSSE AUSWAHL AN ZUBEHÖR (Z. B. SCHNECKENSCHUTZ) + LEICHTE MONTAGE, DA ALS BAUKASTEN ODER „AUS EINEM GUSS" ERHÄLTLICH	– SIEHT MEIST NICHT BESONDERS SCHÖN AUS – IN DER REGEL NICHT NACHHALTIG BEI PRODUKTION UND ENTSORGUNG
STEIN/BETON	+ SEHR LANGLEBIG + KANN DEM UMFELD ANGEPASST WERDEN, AUFBAU AUCH IN HANGLAGE MÖGLICH	– AUFWENDIG IM AUF- UND ABBAU – SOLLTE GUT GEPLANT SEIN, DA PRAKTISCH UNVERRÜCKBAR – TEUER, WEGEN UMFASSENDER PLANUNG UND INDIVIDUELLER UMSETZUNG – BENÖTIGT EIN FROSTSICHERES, AUSREICHEND TIEFES UND TRAGFÄHIGES FUNDAMENT
METALL	+ SEHR LANGLEBIG + STYLISCHES AUSSEHEN: ROHSTAHLPLATTEN BILDEN SCHNELL EINE SCHÖNE ROSTFARBENE PATINA	– METALLWÄNDE MÜSSEN UNBEDINGT MIT STYROPORPLATTEN/ STYRODUR ISOLIERT WERDEN, SONST BESTEHT DIE GEFAHR, DASS DIE WURZELN BEI SONNENEINSTRAHLUNG VERBRENNEN
MATERIALKOMBINATION	+ NOCH VORHANDENES MATERIAL SINNVOLL NUTZEN + KREATIVE, INDIVIDUELLE GESTALTUNGSMÖGLICHKEITEN + STYLISCHES AUSSEHEN: MIX AUS HOLZ UND METALL	– MAN MUSS SELBST AKTIV WERDEN – BENÖTIGT ETWAS ZEIT UND AUFWAND IN PLANUNG UND AUFBAU

STANDORT UND FÜLLUNG

Die meisten Gemüse und Kräuter brauchen viel Licht. Deshalb solltest du für dein Hochbeet einen vollsonnigen Standort auswählen und das Beet in Nord-Süd-Ausrichtung aufstellen. So beschatten sich die Pflanzen in den Reihen nicht gegenseitig.

Auch die fünf Beete in diesem Buch sind mit lichthungrigen Pflanzen bestückt. Falls dein Beet nur einen halben Tag lang in der Sonne liegt, solltest du das Beet „Superfood" oder „Grillmeister" ausprobieren. Die darin vorgeschlagenen Arten gedeihen auch im Halbschatten. Büsche und Bäume ringsherum, die die Sonne „verdecken", solltest du auf jeden Fall vor der Gartensaison zurückschneiden.

DIE FÜLLUNG – SCHICHT FÜR SCHICHT

Dein Hochbeet füllst du mit System und unterschiedlichen Schichten. Weil du dafür Gartenabfälle und Grünschnitt wie Zweige und Äste brauchst, füllst du das Hochbeet am besten im Frühjahr oder Herbst. Wir zeigen dir, wie das in nur vier Schritten geht. Der Grundsatz lautet: Die Füllung sollte nach oben hin immer feiner werden.

Schritt 1: Die unterste Schicht
Starte mit grobem Material wie Baum- und Heckenschnitt. Äste, Zweige, verblühte Sonnenblumen und Staudenstängel bilden eine gute Drainage. Sie verhindert, dass sich am Boden Wasser ansammelt und es zu Staunässe kommt. Klettere zwischendurch ruhig mal ins Beet und verdichte diese Schicht mit deinen Füßen. Dann sackt der Beetinhalt später nicht zu sehr zusammen, wenn das Material nach und nach verrottet. Diese grobe Schicht sollte rund 35 cm dick sein.

Schritt 2: Die mittlere Schicht
Jetzt geht es ans Eingemachte! Die mittlere Schicht sollte etwa 20 bis 30 cm dick sein und aus angerottetem Kompost, Laub und Rasensoden bestehen. Der Kompost darf noch einige gröbere Stücke beinhalten. Auch Häckselgut kann hier verwertet werden. Durch die kontinuierliche Zersetzung der mittleren Schicht werden immer wieder Nährstoffe freigesetzt.

Schritt 3: Die obere Schicht
Jetzt kommt verrotteter Kompost gemischt mit Pflanzenerde auf dein Hochbeet. Diese Schicht sollte etwa 20 cm dick sein.

Schritt 4: Auffüllen
Zum Schluss füllst du dein Hochbeet bis etwa 10 cm unter den Rand mit guter Pflanzenerde.

Derks Tipp

Du hast nicht genug Füllmaterial zur Hand? Dann frag Nachbarn, Bekannte oder den nächstgelegenen Kleingartenverein. Viele Leute sind dankbar, wenn sie den Rückschnitt und andere Grünabfälle umsonst loswerden. Zum Kompost: Dieser wird bei Ebay-Kleinanzeigen oft verschenkt oder du kannst ihn bei den örtlichen Kompostieranlagen günstig kaufen.

HOCHBEET INSTAND HALTEN

In erster Linie entscheidet das Material über die Lebensdauer deines Hochbeetes. Während Stein praktisch „für die Ewigkeit" ist, verwittert und zersetzt sich Holz mit der Zeit. Trotzdem kannst du natürlich einiges tun, damit dein Beet länger hält. Hier verraten wir dir ein paar Tipps und Tricks.

MATERIALPFLEGE

Entferne regelmäßig Schmutz, Erde oder Moos von der Beetwand. Ein Holz-Beet solltest du am besten jedes Jahr mit umweltfreundlichem Holzschutzmittel streichen. So schützt du das Material vor Feuchtigkeit und erhöhst die Lebensdauer deutlich!

ERNEUERN UND AUSBESSERN

Ein Hochbeet aus Holz hält zwar nicht ewig, die ersten morschen Bretter bedeuten allerdings nicht, dass du dein ganzes Hochbeet erneuern musst. Sei kreativ! Durch kleine Reparaturen kannst du den Austausch ganzer Bretter hinauszögern.

WINTERSCHUTZ

Wenn sich die Gartensaison dem Ende zuneigt, solltest du die oberste Schicht mit leichtem, also noch nicht vollständig zersetztem Kompost anreichern. Dafür den Kompost ins Beet füllen und mit der oberen Schicht vermischen. Auch die Zugabe von Hornspänen eignet sich an dieser Stelle, um den Boden fürs nächste Jahr vorzubereiten. Die Düngung im Spätherbst sorgt für einen nährstoffreichen Boden im Folgejahr. Zum Schluss kannst du das Beet mit einer ausrangierten Plane abdecken und vor Verwitterungen schützen.

Tipp von den Stadtgärtnern:
Für die Erde ist Laub die perfekte Abdeckung und ein leichter Winterschutz für Pflanzen, die dort noch wachsen. Wenn du nicht genug Laub hast, kannst du einfach mit einem Müllsack oder einer Schubkarre in der Nachbarschaft oder im Park frisches Laub sammeln. Wichtig: Vorsichtshalber fragen, aber die meisten Leute sind froh, wenn ihnen einen Teil des Laubs abgenommen wird.

Befüllung aufpeppen:

Weil Grünschnitt und Gartenabfälle im Beet verrotten, wird die Erde mit der Zeit absinken. Sorge einfach dafür, dass das Beet zum Anfang der Gartensaison mit frischer Erde aufgefüllt wird. Optimal wäre es, wenn du in diesem Schritt wieder etwas Komposterde und damit Nährstoffe unter die Erde mischst. Trotz guter Pflege: Alle fünf bis sieben Jahre solltest du die Füllung einmal komplett erneuern.

Tipp von den Stadtgärtnern:
Freu dich über Regenwürmer in deinem Beet! Sie lockern den Boden auf und reichern ihn mit feinstem Dünger an – ganz natürlich! Du kannst dir auch Regenwürmer kaufen und in deine Beete setzen. Diese gibt es z. B. beim Anglershop deines Vertrauens.

PALETTEN-HOCHBEET
ALS SCHNELLBAUKASTEN

Die Hochbeete in diesem Buch sind aus Paletten mit Aufsatzrahmen gefertigt. Dieses Hochbeet lässt sich schnell, unkompliziert und günstig nachbauen. Die Maße betragen 120 x 80 cm. Die Höhe ist variabel und kann der eigenen Körpergröße angepasst werden. Zum bequemen Arbeiten empfehlen wir, drei bis vier Aufsätze zu stapeln.

Das brauchst du:

- 3 bis 4 Aufsatzrahmen für Paletten
- 1 Europalette
- 1 engmaschiges Gitter
- ca. 5 m^2 Unkrautschutzvlies
- Tackerpistole oder Hammer und Nägel
- Holzlasur

Und so geht's:

Schritt 1:
Wer ein Hochbeet plant, hat sicher schon einen Standort dafür im Kopf. Entscheide zuerst, wo dein Hochbeet stehen soll und bestimme die Ausrichtung deines Hochbeetes. Hast du den Platz festgelegt, kannst du mit dem Aufbau beginnen. Lege die Europalette auf den Boden. Wenn sie wackelt, solltest du sie wieder wegnehmen und Unebenheiten ausgleichen, bevor du die Rahmen darauf setzt.

Schritt 2:
Nun kannst du bereits den ersten Aufsatzrahmen aufklappen und mit den Scharnieren nach unten auf die Europalette setzen. Dies sollte ganz problem- und gewaltlos gehen, die Aufsätze passen nämlich perfekt auf die Europalette.

Schritt 3:
Bevor du die weiteren Aufsätze aufbaust, solltest du den Wühlmaus-Schutz auf den Boden des Hochbeets legen. Schneide dafür einfach das Gitter mit einer Zange in die richtige Größe. Die Seiten können ruhig etwas hochgebogen werden.

Schritt 4:
Stecke die Aufsätze nach und nach aufeinander – am besten klappt dies zu zweit. Die Anzahl der Aufsätze bestimmt die Höhe deines Beetes und damit auch den Grad der Bequemlichkeit beim Gärtnern und die Menge der benötigten Füllmaterialien. Überlege dir also vorher, wie hoch dein Hochbeet sein soll. Mindestens zwei Aufsätze solltest du aber nutzen.

Schritt 5:
Geschafft! Das Hochbeet steht. Damit du länger etwas von deinem Hochbeet hast, solltest du es mit Holzlasur behandeln. Achte bei der Wahl des Produkts unbedingt darauf, dass es umweltfreundlich und ungiftig ist! Die Giftstoffe geraten vom Holz in die Erde, dann von der Erde in die Pflanzen und schlussendlich in deinen Magen. Im Baumarkt findest du zum Beispiel „Auro Holzlasur", die sowohl für die Umwelt als auch für dein Gemüse und dich völlig unschädlich ist! Lass dich gegebenenfalls von einem Fachmann beraten.

Schritt 6:
Damit der Inhalt des Beets nicht durch die Löcher im Palettenboden rutscht, musst du das Hochbeet jetzt noch mit Vlies auslegen. Schneide es dafür in die richtige Größe und tackere es an den Innenseiten des Beets fest. Wer keinen Tacker zur Hand hat, kann auch einfach kleine Nägel mit dem Hammer einschlagen.

Schritt 7:
Jetzt hast du noch einmal die Chance zu prüfen, ob der Standort so wirklich perfekt ist. Denn wenn du das Hochbeet erst einmal befüllt hast, lässt es sich nicht mehr so leicht verrücken. Es sei denn, du kennst jemanden mit einem Gabelstapler. Also, steht das Hochbeet an dieser Stelle gut? Ist es richtig ausgerichtet? Dann nur noch wie auf S. 12 beschrieben befüllen und das große Gärtnern kann beginnen!

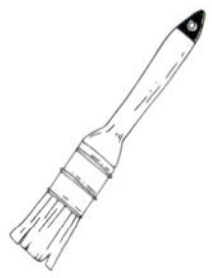

VOR DER SAISON IST IN DER SAISON

Willkommen zu deinem Gartenjahr, das wir hiermit offiziell für eröffnet erklären! Ja, richtig gehört. Das Gartenjahr beginnt nicht erst im April/Mai, sondern genau jetzt. Zwar geht es nun erst mal um die richtige Saisonvorbereitung, aber auch die ist wichtig und macht Spaß. Mit dem Aussäen musst du dich noch ein wenig gedulden. Denn wir sprechen aus Erfahrung, wenn wir sagen: Mit dem Pflanzen niemals zu früh starten! Zwar ist deine Vorfreude völlig nachvollziehbar (es juckt in den Fingern, es kitzelt in der Nase und es soll endlich losgehen), doch tatsächlich ist dies einer der größten Fehler, den ambitionierte Pflanzenfreunde zum Start der Saison immer wieder machen. Kaum guckt die Sonne einmal hinter den Wolken hervor, setzen sie die ersten Samen in die Erde. Ein Anfängerfehler, den nicht nur Anfänger machen. Denn: Es ist noch Winter! Deshalb: Warte mit dem Aussäen und lass deine Vorfreude auf den Frühling in den nächsten zwei bis drei Monaten lieber noch etwas wachsen. Hier kommen ein paar Ideen, die dir das Warten versüßen werden.

SAATGUT-TAUSCHBÖRSE BESUCHEN

Eine Saatgut-Tauschbörse ist ein interessantes Event. Dort tummeln sich Pflanzenliebhaber, Hobbygärtner, Tomatenzüchter und ein paar wenige, die einfach nicht wussten, was sie sonst an einem verregneten Samstag unternehmen sollten. Wir sagen dir: ein Spektakel, das sich lohnt. Es ist ein bisschen wie auf einem Flohmarkt, nur hat hier jeder Samentütchen und Döschen in der Hand und man kann an jedem Stand Erfahrungen und Saatgut austauschen, was so unterhaltsam wie lustig ist. Da werden dir die besten, schmackhaftesten und originellsten Tomatensorten angepriesen, da erfährst du etwas über Pflanzen, deren Namen du noch nie gehört hast und da entstehen Bekanntschaften, die dich in deiner Gartenkarriere begleiten werden. Das Tollste ist: die allgemeine Euphorie, die gemeinsame Vorfreude auf den Sommer, die geteilte Liebe für seltene Sorten und die Vielfalt, die dir dort begegnet. Zur Vorbereitung auf die Saison solltest du unbedingt so eine Tauschbörse besuchen. Im Internet findest du Termine und Standorte.

Torges Tipp

Es gibt keine Saatgut-Tauschbörse in deiner Nähe? Dann tausch doch einfach online dein Saatgut. Auch wir Stadtgärtner betreiben eine Tauschbörse: unseren Saatgutzirkel. Unter www.diestadtgaertner.de/saatgutzirkel kannst du daran teilnehmen.

GARTEN-SHOPPING

Egal, ob im Gartencenter deines Vertrauens, online oder wie in den guten, alten Zeiten in einem Katalog: Jetzt ist die Zeit gekommen, durch die bunte Welt der Gartenprodukte zu stöbern und sich hier und da Inspirationen zu holen. Doch bevor du den Bestellzettel ausfüllst und deine Kreditkarte zückst: Hier noch ein paar Tipps für deinen Einkaufsbummel:

WORAUF MUSS ICH BEIM SAATGUTKAUF ACHTEN?

Der beste Tipp, den wir dir geben können, ist: Zügle dich! Klingt doof, es ist aber etwas Wahres dran. Bei der großen Auswahl im Discounter, Gartencenter oder im Internet wird man leicht schwach. Kaufe trotzdem nur so viel Saatgut, wie du auch pflanzen kannst. Worauf du noch achten solltest:

Lass die Finger von F1-Hybriden!
Kauf stattdessen lieber samenfestes Saatgut. Dann kannst du die Samen von diesen Pflanzen im Herbst sammeln und in der nächsten Saison erneut aussäen. Somit musst du nicht jedes Jahr neues Saatgut kaufen und stehst außerdem bei der nächsten Tauschbörse nicht mit leeren Händen da.

Alte Sorten ausprobieren!
Nicht nur, dass du im Hochbeet für Vielfalt sorgst, auch geschmacklich sind viele alte Sorten etwas ganz Besonderes. Sie sind zwar meist nicht ganz so ertragreich, dafür aber weniger anfällig für Schädlinge und Krankheiten. Indem du sie bei dir pflanzt, bewahrst du sie vor dem Aussterben und machst sie unter Hobbygärtnern wieder bekannter – damit leistest du einen wichtigen Beitrag zur Erhaltung der Artenvielfalt. Top!

Hohe Keimfähigkeit für vollen Erfolg
Keimraten von Saatgut können stark schwanken. Sicher ist: Je höher die Keimrate, umso größer der Erfolg. Normalerweise steht auf der Verpackung des Saatguts eine Angabe zur Keimfähigkeit. Das ist aber nicht bei allen Anbietern so. Um möglichst sicher zu gehen, dass du keimfähiges Saatgut kaufst, kannst du dich im Internet über den Hersteller informieren und nach persönlichen Kundenbewertungen suchen.

Regionales Saatgut passt zu dir!
Wenn du dich für Saatgut aus der Region entscheidest, ist es wahrscheinlich, dass die Pflanze sich bei dir wohlfühlen wird. Regional heißt in diesem Fall, dass die Samen aus einem Umkreis kommen, wo die klimatischen Bedingungen etwa so sind wie bei dir zu Hause. Dann haben die daraus vermehrten Pflanzen Ansprüche an Sonne, Regen und Temperaturen, die ungefähr zu den Bedingungen bei dir vor Ort passen. Außerdem hat das Saatgut keine langen Transportwege hinter sich und somit tust du etwas Gutes für den Planeten!

Logisch biologisch!
Biologisches Saatgut wird mittlerweile in großer Auswahl angeboten. Das ist auch gut so! Denn du willst bestimmt nur Bio-Samen für dein Hochbeet. Dann kannst du sicher sein, dass die Samen nicht von genetisch veränderten Pflanzen stammen und nicht gebeizt sind. Und wir finden: Die Bio-Qualität schmeckt man auch!

WAS BRAUCHST DU SONST NOCH?

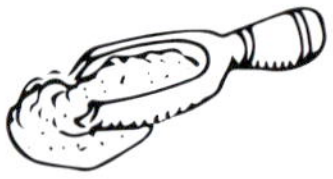

Pflanzkelle:

Sie ist das wichtigste Utensil für dich: Empfehlenswert ist ein Modell aus Metall, die sind deutlich langlebiger als die aus Kunststoff. Mit so einer handlichen Schaufel kannst du Erde schippen, Erdlöcher ausheben und im Winter Pflanzen ausgraben.

Gießkanne:

Die darf wirklich nicht fehlen! Kunststoffkannen sind nicht umsonst verbreitet: Sie gewinnen zwar keinen Schönheitspreis, sind aber viel leichter als Metallkannen. Wichtig bei beiden ist, dass der Kopf abnehmbar ist. So kannst du je nach Bedarf beim Gießen feinen Regen simulieren, die Pflanzen aber auch präzise und direkt an der Wurzel versorgen.

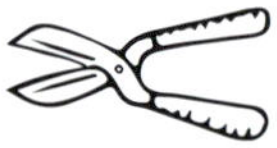

Pflanzenschere:

Für den Anfang reicht eine günstige Pflanzenschere aus dem Baumarkt aus. Für Sträucher, kleine Äste oder um Samentüten aufzuschneiden, ist die Schere ideal. Wenn du viel schneiden musst, lohnt sich ein hochwertiges Modell, für das du Ersatzteile nachkaufen kannst.

Eimer:

Ob für Pflanz- oder andere Abfälle, Regenwasser oder für die Ernte – auch ein Eimer gehört zu deiner Grundausstattung.

Unkrauthacke:

Besonders „beliebt" bei Groß und Klein: Unkraut jäten (haha)! Doch es hilft alles nichts, das lästige Kraut muss weg, damit es deinen Pflanzen im Hochbeet nicht Licht und Nährstoffe wegnimmt. Wir empfehlen eine Hacke aus Edelstahl. Tipp: Empfehlenswert ist die Kombi-Lösung aus Hacke und Gabel. Die Erde wird mit der Hacke gelockert und die Wurzeln mit der Gabel herausgezogen.

DIE PERFEKTE PLANUNG

Am Anfang der Gartensaison solltest du dir einige Fragen stellen: Was will ich in meinem Beet eigentlich anpflanzen? Was will ich wachsen sehen? Welche Kräuter will ich zum Kochen immer frisch da haben und welches Gemüse schmeckt mir so richtig gut? Diese Planung ist Fluch und Segen zugleich, so viel können wir dir verraten. Durch die riesengroße Auswahl fällt die Entscheidung schwer und dann musst du ja auch noch Dinge wie Mischkultur oder Fruchtfolgen berücksichtigen. Denn auch bei der Bepflanzung eines Hochbeets gibt es natürlich einiges, was es zu beachten gilt. Das kann schnell überfordern. Aber keine Bange! Die gute Nachricht ist: Für die fünf Beete in diesem Buch haben wir diese Arbeit bereits für dich übernommen. Du kannst dir also ganz entspannt eins davon aussuchen und es Schritt für Schritt nachgärtnern. Trotzdem wollen wir dir das theoretische Wissen über die optimale Zusammenstellung der Pflanzen nicht vorenthalten und machen nun einen kleinen Abstecher in die Theorie der Pflanzenkunde. Denn nicht jede Pflanze wächst überall gleich gut, nicht jedes Kraut harmoniert mit Erdbeeren, Tomaten oder Salat und nicht alle Pflanzen sind sich „grün". Bist du bereit? Na dann mal los!

DIE MISCHKULTUR

Im Beet geht es fast zu wie im echten Leben. Mit einigen Menschen versteht man sich bestens, mit anderen fühlt man sich nicht richtig wohl. Auch bei Pflanzen ist das so. Neben solchen, die sich gar nicht mögen, gibt es auch solche, die sich gut ergänzen und zusammen harmonieren. Das Pflanzkonzept ist die sogenannte Mischkultur. Dabei kombinierst du gezielt Pflanzen in deinem Hochbeet miteinander, die sich „grün" sind. Man kann auch sagen, sie sind „gute Nachbarn" und unterstützen sich beim Wachsen, beugen gegenseitig Krankheiten vor oder wehren Schädlinge ab. Dieses Prinzip ist das Gegenteil von Monokultur und macht es auch auf größeren Flächen möglich, ohne Kunstdünger und Pestizide auszukommen und sich stattdessen „die Kraft der Pflanzen" zu eigen zu machen. Auf der folgenden Seite findest du eine Tabelle mit guten und schlechten Nachbarn, die dir bei der Auswahl deiner Pflanzen helfen kann.

Auf gute Nachbarschaft!

Jans Tipp

Vermeide es, dein Beet zu dicht zu bepflanzen. Auch, wenn jede Art ganz eigene Bedürfnisse hat, eins haben sie alle gemeinsam: Sie brauchen Platz zum Wachsen und Gedeihen.

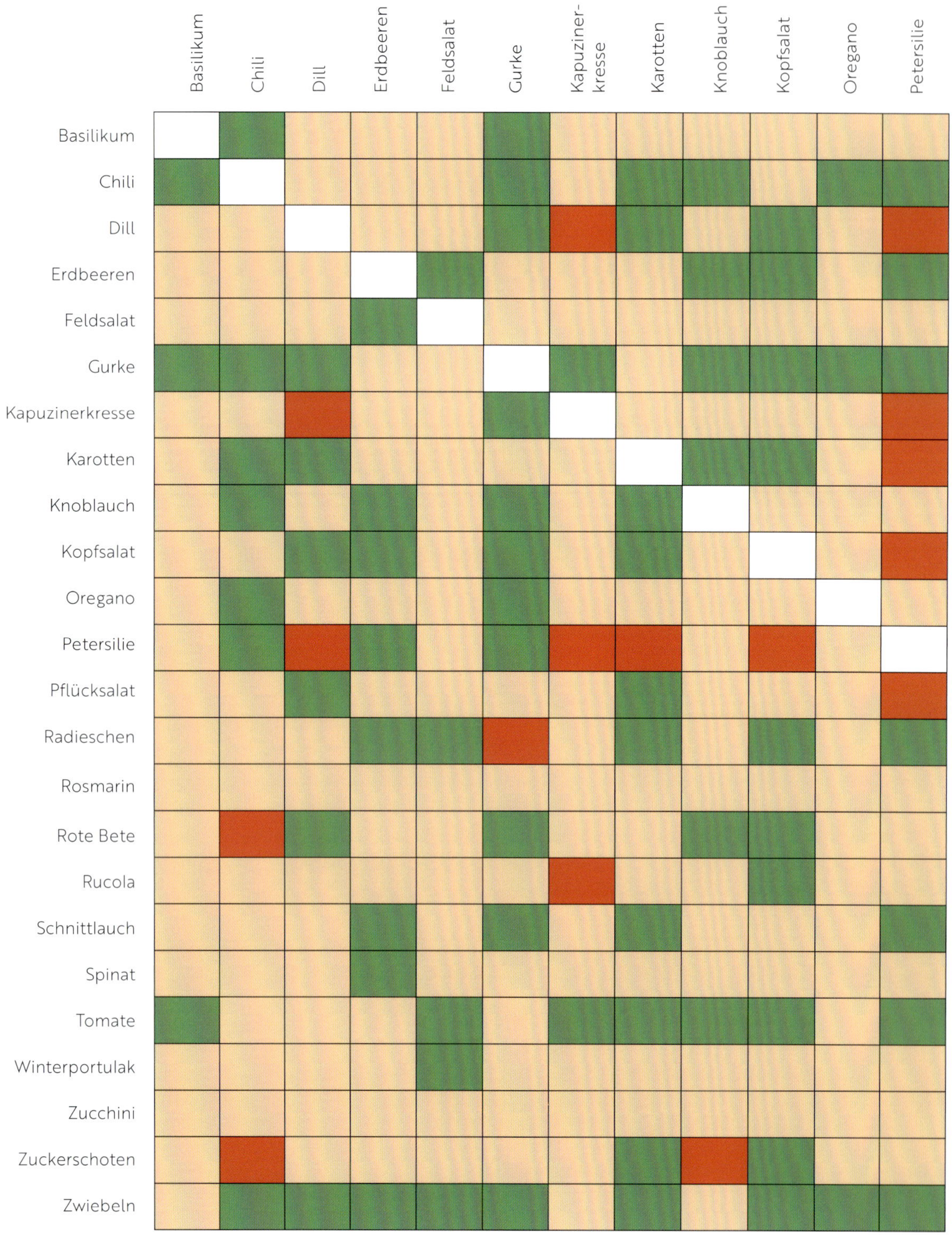
Basilikum
Chili
Dill
Erdbeeren
Feldsalat
Gurke
Kapuziner-
kresse
Karotten
Knoblauch
Kopfsalat
Oregano
Petersilie
Basilikum
Chili
Dill
Erdbeeren
Feldsalat
Gurke
Kapuzinerkresse
Karotten
Knoblauch
Kopfsalat
Oregano
Petersilie
Pflücksalat
Radieschen
Rosmarin
Rote Bete
Rucola
Schnittlauch
Spinat
Tomate
Winterportulak
Zucchini
Zuckerschoten
Zwiebeln

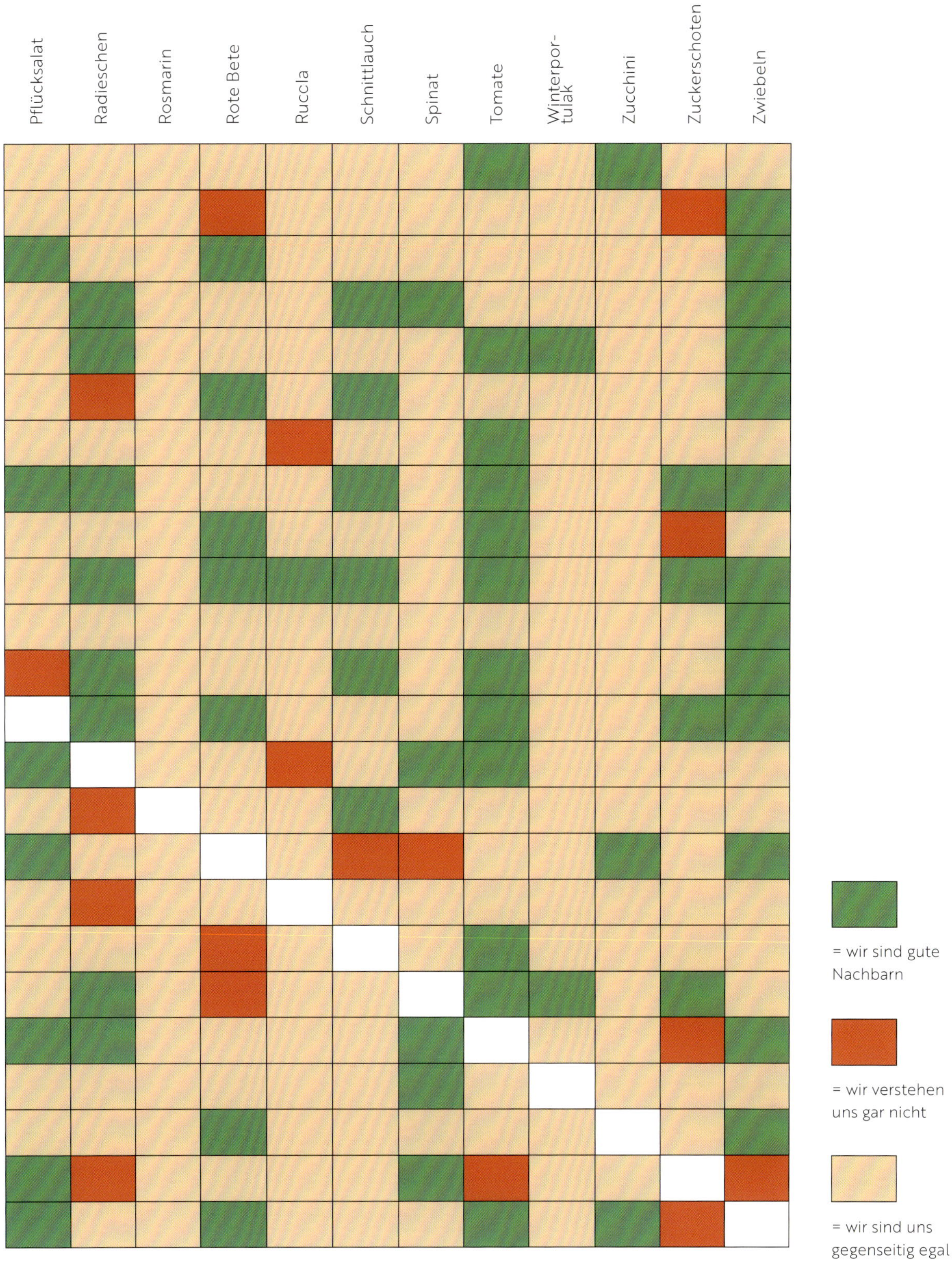
Pflücksalat
Radieschen
Rosmarin
Rote Bete
Ruccla
Schnittlauch
Spinat
Tomate
Winterpor-
tulak
Zucchini
Zuckerschoten
Zwiebeln
= wir sind gute Nachbarn
= wir verstehen uns gar nicht
= wir sind uns gegenseitig egal

DIE GESETZE DER NATUR

„Es ist verhext, Kürbis und Zucchini wollen einfach nicht mehr so gut wachsen wie in der letzten Saison, dabei stehen sie doch am gleichen Fleck im Beet und ich habe alles genauso gemacht wie im letzten Jahr."

Komisch? Nein, gar nicht. Denn wer immer wieder die gleichen Gemüsesorten an der gleichen Stelle ins Beet setzt, muss sich nicht wundern. Auf längere Sicht ist das nämlich nicht gut für den Boden. Durch den einseitigen Entzug von Nährstoffen kommt es zum Phänomen der sogenannten Bodenmüdigkeit. Dem Boden fehlen bestimmte Nährstoffe, das bremst das Wachstum des Gemüses und natürlich fällt die Ernte dann mickriger aus. Doch die Lösung ist ganz einfach! Lies hier:

STARK-, MITTEL-, SCHWACHZEHRER

Damit Pflanzen wachsen, brauchen sie Nährstoffe. Doch nicht jede Pflanze hat den gleichen Bedarf. Unterschieden wird ganz grob in Stark-, Mittel- und Schwachzehrer. Die Starkzehrer brauchen am meisten Futter, während die Schwachzehrer am bescheidensten sind, also auch auf eher mageren Böden noch gedeihen.

Welche Pflanzen sind also Stark-, welche Mittel- und welche Schwachzehrer?

Hier sind ein paar Beispiele:

Starkzehrer:
Auberginen, Kartoffeln, Weißkohl, Kürbis, Lauch, Tomaten, Zucchini, Sellerie

Mittelzehrer:
Karotten, Paprika, Radieschen, Frühlingszwiebeln, Spinat, Kohlrabi, Salat

Schwachzehrer:
Erbsen, Bohnen, Feldsalat, viele Kräuter

FRUCHTFOLGE UND FRUCHT-WECHSEL

Die Einteilung in die drei Kategorien (Stark-, Mittel- und Schwachzehrer) ist sowohl für eine geplante Fruchtfolge als auch für den Fruchtwechsel wichtig. Schon wieder zwei Begriffe, die dir beim Gärtnern häufiger über den Weg laufen werden. Deshalb kurz zur Erklärung: Fruchtfolge nennt man es, wenn du innerhalb einer Saison verschiedene Pflanzen nacheinander in dein Beet pflanzt. Fängst du zum Beispiel früh in der Saison mit der Aussaat von Radieschen an, sind diese bereits nach sechs Wochen erntereif und du hast wieder Platz in deinem Beet für andere Pflanzen. Generell kann man sagen, dass innerhalb einer Saison Schwachzehrer noch problemlos wachsen und gedeihen, auch wenn Starkzehrer vorher dem Boden schon viele Nährstoffe entzogen haben. Mit der richtigen Fruchtfolge kann innerhalb einer Saison also reiche Ernte eingefahren werden, ohne dass dem Boden dabei zu viele Nährstoffe verloren gehen oder sich Schädlinge ausbreiten. Fruchtwechsel wiederum bezeichnet die Fruchtfolge über mehrere aufeinanderfolgende Gartensaisons. Wenn du dein Beet mehrere Jahre hintereinander bewirtschaftest, solltest du also bedenken, was im Jahr davor in deinem Beet wuchs. Wenn dein Boden beispielsweise über mehrere Jahre hinweg nur Starkzehrer ernähren muss, ermüdet er langfristig.

Um das Ganze abzuschließen: Innerhalb der drei Kategorien gibt es natürlich auch immer noch gute und schlechte Nachbarn. Auch darauf solltest du achten. Keine Bange, das klingt jetzt alles ein wenig verwirrend, aber eigentlich lernt man beim Gärtnern alles intuitiv. Und wenn du doch mal einen Fehler machst? Abhaken! Beim nächsten Mal weißt du es dann eben besser.

Was bedeutet das für die Beetplanung?

Die Beete in diesem Buch kannst du ganz sorgenfrei nachgärtnern. Da haben wir bereits die Theorie im Hinterkopf behalten und alles nach den Regeln der Natur für dich geplant. Interessant wird es dann erst im nächsten Jahr. Denn jetzt solltest du den Inhalt variieren, damit der Boden nicht müde wird. Nach einem Starkzehrer-Beet wie etwa dem „Kleinen Italiener" ist es sinnvoll, im Folgejahr Pflanzen aus dem Bereich der Mittelzehrer einzusetzen. Dazu zählen zum Beispiel Möhre und Kopfsalat. Auch hilft es, die Erde nach der Saison mit Kompost anzureichern und jedes vierte Jahr eine Gründüngung vorzunehmen.

DIE PFLANZZEIT BEGINNT

Es kann endlich losgehen! Nachdem du dich monatelang gedulden musstest, ist der Zeitpunkt nun endlich gekommen, an dem du mit echten Pflanzen und Erde zwischen den Händen zu tun hast. Ehrlich, wir freuen uns für dich mit! Zwar ist es draußen vor der Haustür immer noch etwas ungemütlich, aber die Tage werden schon wieder länger. Und das heißt: Der Frühling lässt sich bereits erahnen. Damit du im Mai schon richtig starke Pflanzen in dein Beet setzen kannst, ist es sinnvoll, jetzt schon Gemüse drinnen auf deiner Fensterbank vorzuziehen. Da ist es warm, windgeschützt und (hoffentlich auch manchmal) sonnig. Das sind die idealen Voraussetzungen für deine Pflanzen, das Licht der Welt zu erblicken.

Allerdings eignen sich nicht alle Pflanzen zum Vorziehen, einige mögen lieber direkt ins Beet gesät werden.

ZUM VORZIEHEN EIGNEN SICH:

Auberginen, Brokkoli, Gurken, Kohl, Kohlrabi, Kürbis, Lauch, Mangold, Melonen, Paprika, Peperoni, Tomaten, Zucchini

LIEBER DIREKT INS BEET:

Bohnen, Erbsen, Möhren, Radieschen, Rettich, Rote Bete, und andere Wurzelgemüse

Doch warum solltest du einige Pflanzen überhaupt vorziehen? Das können wir dir sagen!

1. Du kannst viel früher mit dem Gärtnern anfangen,
2. es macht einfach Spaß,
3. du kannst deine Pflanzen von der „Entstehung" an beobachten,
4. deine Pflanzen wachsen in sicherer Umgebung auf (sicher heißt hier vor allem mit beständigen Temperaturen und vor Wind und hungrigen Vögeln geschützt),
5. sie haben Zeit, zu richtig starken Jungpflanzen heranzuwachsen. Würdest du Tomate, Paprika und Co. erst im Mai nach den Eisheiligen im Beet aussäen, bliebe den Pflanzen nicht genug Zeit, sich zu entwickeln. Die Ernte würde geringer oder sogar ganz ausfallen,
6. dadurch entwickeln sich deine Pflanzen innerhalb des Sommers schneller und
7. du kannst früher ernten!

Das Beste daran: Vorziehen ist wirklich nicht schwer. Gerade für Neulinge auf dem Gärtner-Gebiet ist es eine tolle Möglichkeit, ins Thema einzusteigen und ganz entspannt Erde, Saatanleitungen, Pflanzen und Co. kennenzulernen. Wenn du die folgenden Dinge beachtest, wirst du dich schon nach wenigen Tagen an den ersten Keimlingen erfreuen können. Aufgepasst, hier kommen die fünf Grundlagen des Gärtnerns auf der Fensterbank:

1. DER ZEITPUNKT:

Grundlegend kann man sagen: Der März ist gut zum Vorziehen von Pflanzen geeignet. Das stimmt natürlich nur bedingt, weil jede Pflanze individuelle Vorlieben hat. Den genauen Zeitpunkt zum Vorziehen deiner Gemüsepflanzen, Kräuter und Blumen kannst du immer auf der Verpackung nachlesen. Manchmal hast du Glück und kannst sogar schon im Februar loslegen. Wenn du dir unsicher bist, ob sich die Pflanze überhaupt auf der Fensterbank wohlfühlen wird, schau auf die Packung, ob Direktsaat empfohlen wird. Ebenfalls findest du dort Infos über den richtigen Standort, Keimzeit, Kulturdauer und Erntezeitpunkt. Um es kurz zu machen: Jede Pflanze ist anders. Über den (grünen) Daumen gepeilt ist der Monat März aber ein guter Monat, um mit dem Vorziehen loszulegen!

2. DER STANDORT:

Perfekt ist eine Fensterbank, die so viel Sonne wie möglich bekommt. Hast du keine Fensterbank frei, weil sich da schon deine ganzen Zimmerpflanzen tummeln, musst du kreativ werden. Schiebe dir doch beispielsweise eine Kommode nah ans Fenster. Das Problem ist nämlich: Wenn die Samen in den Anzuchtschalen zu wenig Licht bekommen, keimen sie vielleicht gar nicht oder vergeilen sehr schnell und schießen zwar in die Höhe, haben dann aber ganz dünne und schwache Stiele.

3. DIE TEMPERATUR:

Nicht zu heiß, nicht zu kalt, aber im Großen und Ganzen: lieber warm. Die ideale Raumtemperatur liegt etwa bei 20 °C.

4. DIE ERDE:

Es gibt gute Gründe, warum du deinen grünen Nachwuchs in spezieller Anzuchterde aufziehen solltest. Gerade am Anfang ist es wichtig, dass die Samen gut anwurzeln können. Doch nicht nur das! Anzuchterde bietet auch sonst optimale Bedingungen: Sie ist schön luftig und locker, kann aber trotzdem Wasser gut speichern. So werden deine Schützlinge perfekt mit Feuchtigkeit und Sauerstoff versorgt. Anzuchterde erhältst du im Gartencenter deines Vertrauens.

5. DAS WASSER:

Gießen ist ja bekanntlich immer ein heikles Thema, was wieder mal den individuellen Vorlieben deiner Pflanzen geschuldet ist. Beim Vorziehen gibt es eigentlich nur eine wichtige Regel: Die Erde darf weder trocken noch nass sein, muss aber immer feucht sein! Wenn du vergisst zu gießen und die Erde austrocknet, keimen die Samen nicht. Wenn du es zu gut meinst und die Erde zu nass ist, schimmelt das Ganze. Also: Der Mittelweg ist goldrichtig. Zur Vereinfachung kannst du anfangs auch eine Sprühflasche zum Befeuchten benutzen. So verhinderst du übermäßiges Gießen, bei dem die feinen Wurzeln frei geschwemmt werden.

ANZUCHTSCHALEN
UND -TÖPFE SELBER BASTELN

Du bist voller Tatendrang und willst durchstarten? Na dann mal los! Für das Vorziehen deiner Pflanzen benötigst du neben Anzuchterde und dem bereits ausgewählten Saatgut auch Anzuchttöpfe und -schalen. Wir haben Ideen für dich zusammengestellt, wie du diese ganz leicht selber basteln kannst. Aus Klopapierrollen, Eierkartons und anderen Verpackungen entstehen im Handumdrehen Gefäße in allen Größen und Formen. Das Praktische: Du musst kein Geld ausgeben, weil du alles Nötige wahrscheinlich im Haus hast, du tust etwas Gutes für die Umwelt, indem du „Müll" sinnvoll weiter verwertest und du hast einen guten Grund, einen gemütlichen Bastelnachmittag einzulegen.

AUS EIERKARTONS

Das ist die wohl einfachste Art, Anzuchtschalen zu basteln. Es gibt eigentlich nur eine Voraussetzung zu beachten: Der Eierkarton sollte naturbelassen bzw. ungefärbt sein, weil sonst Farbpigmente in die Erde gelangen könnten. Einfach den Deckel des Kartons mit einem Cutter abschneiden und die Vertiefungen mit Erde füllen. Auch den Deckel kannst du mit Erde füllen. Stelle den Karton auf eine wasserdichte Unterlage, zum Beispiel auf einen Unterteller oder eine Schale. Schon kannst du die Erde befeuchten und aussäen.

AUS KLOPAPIERROLLEN

Aus einer Klopapierrolle lassen sich zwei Anzuchtschalen basteln. Dazu die Rolle einmal quer in der Mitte durchschneiden, sodass du zwei Papprollen hast. Damit die Erde nicht rausfällt, solltest du ihnen nun noch einen Boden verpassen. Schneide dafür in jede Papprolle an einer Seite vier etwa 1,5 cm tiefe Schnitte. Die entstandenen Lappen dann nur noch nach innen falten, fertig! Auf einem Unterteller oder in einer Schale platzieren und das Gärtnern kann beginnen!

AUS LEEREN MILCHPACKUNGEN

Auch eine super Verpackung, die du wahrscheinlich sowieso zu Hause hast: Milchkartons. Lege den Karton auf die Seite und schneide mit einem Cutter eine Seitenfläche komplett aus. Damit keine Staunässe im Karton entsteht, solltest du in den Boden auf der gegenüberliegenden Seite kleine Löcher piksen. Danach nur noch auf einen Unterteller stellen, Erde einfüllen, aussäen und auf den ersten Keimling freuen!

KLEINES EINMALEINS DES VORZIEHENS

1. Du hast deine Anzuchtschalen gebastelt und die Pflanzgefäße bereitgestellt? Super! Fülle sie jetzt bis 1 cm unter den Rand mit der guten Aussaaterde.

2. Bevor du die Samen in die Erde bringst, solltest du sie gut anfeuchten. Das ist sinnvoll, damit du die Samen nicht sofort nach der Aussaat gießen musst. So minimierst du (gerade bei Lichtkeimern) das Risiko, mit der ersten Wasserladung die Samen gleich wegzuschwemmen.

3. Juhu, es geht los! Nun kommen die Samen in die Erde. Schau dir vorher die Infos auf der Verpackung an, ob es sich um Licht- oder Dunkelkeimer handelt. Dann kann es losgehen! Je nach Größe des Anzuchttopfs können auch mehrere Samen zusammen in ein Gefäß gesät werden. Wichtig ist dabei, einen Mindestabstand von 2 cm einzuhalten, damit du sie später pikieren kannst.

4. Ganz wichtig: Beschrifte die Anzuchttöpfe! Sonst weißt du nachher nicht mehr, was wo wächst und es gibt ein heilloses Durcheinander. Platziere die Pflanzgefäße nun auf deiner Fensterbank.

Kleiner Tipp von den Stadtgärtnern:
Pflanzschilder kannst du supereinfach selber basteln. Vielleicht hast du Eisstäbchen zu Hause? Oder du sammelst flache Steine zum Bemalen? Schau doch mal bei Pinterest nach DIY-Ideen für „Beetmarkierungen" – du wirst garantiert fündig werden!

5. Immer schön feucht halten! Ein guter Trick ist es, die kleinen Anzuchttöpfe in eine größere Schale zu stellen und dort immer Wasser nachzugießen. Dann kann die Feuchtigkeit von unten langsam durch die Erde nach oben durchziehen.

6. Über die ersten Keimlinge freuen und dem Nachwuchs beim Wachsen zusehen!

7. Wenn du mehrere Samen in einen Topf gepflanzt hast, wird es Zeit, ihnen ein eigenes Zuhause zu spendieren, sobald sie etwa 4 cm groß gewachsen sind. Das nennt man Pikieren. Für eine ausführliche Anleitung schau mal in unser kleines Gartenwiki am Ende vom Buch.

8. Im Mai kannst du die starken Jungpflanzen nach draußen in dein Hochbeet setzen. Bitte, bitte unbedingt die Eisheiligen abwarten: Sonst gibt's unerwartet doch noch einmal Minusgrade und alle Pflanzen erfrieren. Das will wirklich niemand!

Tipp von den Stadtgärtnern:
Wenn du wirklich gar keine Lust auf Vorziehen hast, ist das kein Weltuntergang. Möglicherweise bist du auch den ganzen März und April in der Karibik und brätst in der Sonne. Für solche Fälle gibt es natürlich eine Alternative. Du kannst aufs Vorziehen verzichten und im Mai Jungpflanzen im Gartencenter oder in der Gärtnerei kaufen. Dort gibt es kräftige Setzlinge, an denen du garantiert ebenfalls viel Freude haben wirst. Kräuter in Bio-Qualität findet man oft auch auf dem Wochenmarkt. Einziger Nachteil dieser bequemen Methode: Meist bekommst du nur die Standardsorten. Die Auswahl ist einfach geringer als beim Saatgut. Aber hey, alles kann, nichts muss! Hauptsache du findest Spaß am Gärtnern!

RAN ANS BEET

Nicht nur drinnen auf der Fensterbank, auch draußen kannst du jetzt langsam aktiv werden und anfangen die Harke zu schwingen. Der wichtigere Teil der Beetvorbereitung findet zwar im Herbst statt, aber auch jetzt kannst du schon einiges machen. Dein Ziel: Einen Lebensraum mit optimalen Bedingungen und besten Voraussetzungen für deine Pflanzen schaffen!

Sobald die dicke Schneeschicht geschmolzen ist und die Temperaturen wieder Plusgrade erklimmen, entferne zunächst die Abdeckung auf deinem Beet. Vielleicht hast du im letzten Jahr das Beet mit Zweigen bedeckt? Dann runter damit! Ohhhhh, wie gut die Erde riecht ... Nimm einen tiefen Zug der beliebtesten Gärtnerdroge und zupfe unterdessen das nachgewachsene Unkraut aus deinem Beet. Wie fühlt es sich an, am Beet zu stehen?

Falls dein Hochbeet schon ein Jahr steht, wirst du feststellen, dass der Inhalt mit der Zeit ein wenig abgesackt ist. Das ist nicht weiter tragisch, es zeigt dir nur, dass die Verrottung im Inneren des Hochbeets im vollen Gange ist. Aus den vermeintlichen Gartenabfällen entsteht dein Rohstoff: nährstoffreiche Erde und die ist kompakter als Äste, Kartoffelschalen und Laub. Deshalb solltest du dafür sorgen, dein Hochbeet immer wieder aufzufüllen. Dafür besorgst du dir gute Pflanzerde und mischt diese zusammen mit reifem, fast verrottetem Kompost zu einer frischen Schicht nahrhaften Boden. Diese kommt oben in dein Hochbeet und sollte mindestens 10–15 cm dick sein. Je mehr die Füllung abgesackt ist, desto dicker fällt die neue Schicht aus. Nun alle Muskeln aus dem Winterschlaf aufwecken und das Ganze gut durchmischen. Deine Pflanzen werden hier bestimmt Wurzeln schlagen!

Tipp von den Stadtgärtnern:
Du kannst dein Hochbeet auch prima als Frühbeet nutzen. Lege dazu einfach eine Glasplatte über das Beet oder einen Teil des Beets, so speicherst du optimal die Wärme der ersten Sonnenstrahlen des Jahres.

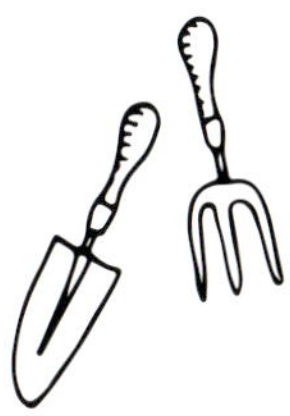

Torges Tipp

Deine Pflanzen brauchen noch mehr Nährstoffe? Dann mische Hornspäne unter die neue Schicht. Diese zersetzen sich nun langsam und geben beständig Stickstoff an den Boden ab. Da haben deine Pflanzen gute drei Monate genug Futter. Wenn sie später doch noch mal Dünger brauchen, kannst du sie im Sommer mit Hornmehl versorgen. Das ist aber nur bei Starkzehrern nötig.

SALAT GLÜCK

Ob als erfrischende Beilage oder als sommerlicher Hauptgang – Salat ist gesund, leicht und lecker. Mit diesem Hochbeet hast du vom Frühling bis in den Herbst hinein alle Zutaten zur Hand, um leckere Salate zu zaubern. Pflück- und Kopfsalat, Rucola, Feldsalat, Radieschen, Gurke und Schnittlauch. Abgerundet wird das Ganze mit dekorativen, leckeren Blüten als Topping. Das sieht nicht nur im Beet prächtig aus, sondern ist auch auf dem Teller ein echter Augen-, ähh Gaumenschmaus!

ÜBERSICHT *Pflanzen*

PFLANZE	SONNE	WASSERBEDARF	NÄHRSTOFFBEDARF
PFLÜCKSALAT	☀☀☀	💧💧💧	▣ ½▣
KOPFSALAT	☀☀☀	💧💧💧	▣ ½▣
RUCOLA	☀☀☀	💧💧💧	▣
SALATGURKE	☀☀☀	💧💧💧	▣▣▣
RADIESCHEN	☀☀	💧💧	▣
SCHNITTLAUCH	☀☀	💧💧	▣▣
STECK-ZWIEBELN	☀☀☀	💧	▣
KAPUZINER-KRESSE	☀☀	💧💧💧	▣
STIEFMÜTTER-CHEN	☀☀	💧 ½💧	▣
FELDSALAT	☀☀ ½☀	💧 ½💧	▣
WINTER-PORTULAK	☀☀	💧	▣

viel	☀☀☀
mittel	☀☀
wenig	☀

viel	💧💧💧
mittel	💧💧
wenig	💧

stark	▣▣▣
mittel	▣▣
schwach	▣

Salatglück

ÜBERSICHT Kulturen

PFLANZE	KULTUR	MONAT
PFLÜCKSALAT	DIREKTSAAT	ENDE MÄRZ
KOPFSALAT	VORZIEHEN AUF DER FENSTERBANK	ENDE FEBRUAR
RUCOLA	DIREKTSAAT	ENDE MAI
SALATGURKE	VORZIEHEN AUF DER FENSTERBANK	MITTE APRIL
RADIESCHEN	DIREKTSAAT	AB ENDE MÄRZ
SCHNITTLAUCH	JUNGPFLANZEN INS BEET SETZEN	ANFANG MAI
KAPUZINERKRESSE	DIREKTSAAT	MITTE MAI
STIEFMÜTTERCHEN	JUNGPFLANZEN INS BEET SETZEN	ANFANG MAI
FELDSALAT	DIREKTSAAT	AB ANFANG AUGUST
WINTERPORTULAK	DIREKTSAAT	AB ENDE AUGUST
STECKZWIEBELN	DIREKTSAAT	ANFANG APRIL

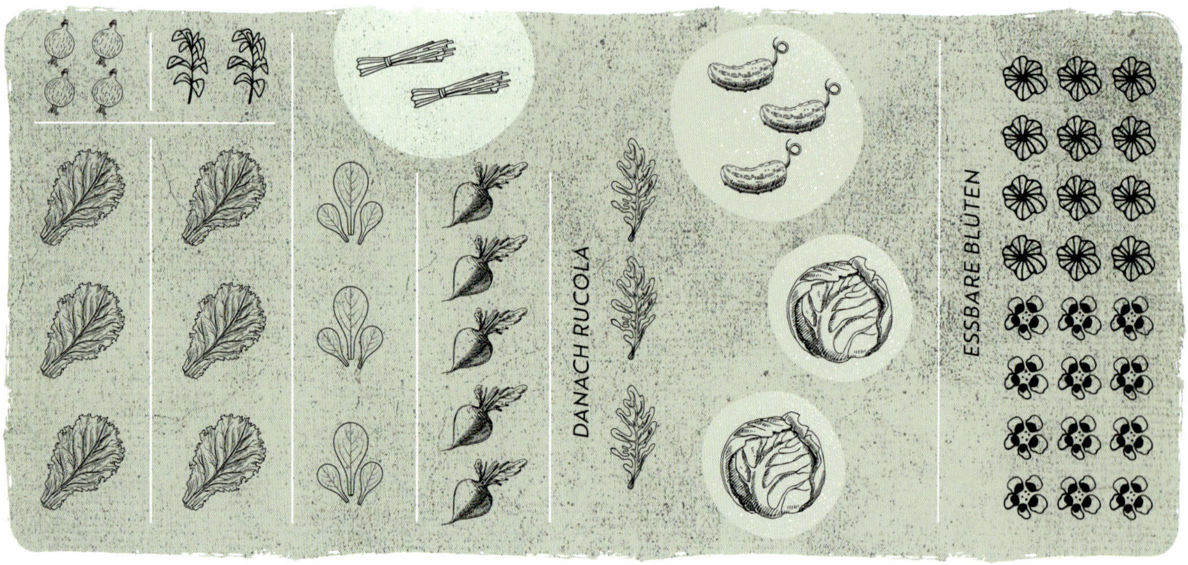

Salatglück

DEZEMBER NOVEMBER OKTOBER SEPTEMBER AUGUST JULI JUNI MAI APRIL MÄRZ FEBRUAR JANUAR

ENDE FEBRUAR

Du stehst schon in den Startlöchern für die neue Gartensaison? Dann leg doch einfach los! Wenn du den Kopfsalat auf der Fensterbank vorkultivierst, kannst du im April statt Saatkörnchen schon kleine, aber feine Salatpflänzchen ins Beet setzen. Das verschafft dir einen Ernte-Vorsprung von bis zu vier Wochen! Aber Achtung: Stelle bei der Vorkultur auf der Fensterbank unbedingt sicher, dass die Anzuchttöpfe genügend Licht bekommen, sonst könnten sie vergeilen.

ANFANG/MITTE MÄRZ

Viele Pflanzen lieben reichen Boden! Reich, das bedeutet vollgepackt mit Nährstoffen. Wo du so einen Boden herbekommst? Ganz einfach! Mische vor dem Saisonstart noch einmal Kompost unter die Erde. Das sorgt nicht nur für viele Nährstoffe, sondern lockert den Boden – ein Paradies für deine Pflanzen! Du wirst sehen: Sie werden es dir mit reicher Ernte danken!

ENDE MÄRZ

„Säst du im März zu früh, ist's oft vergebene Müh' ..."

Endlich! Die Gartensaison kann beginnen! Ist die Erde in deinem Hochbeet nicht mehr gefroren und auch nicht mehr von Schnee bedeckt, kannst du loslegen mit der Direktsaat des **Pflücksalates** in zwei Reihen nebeneinander. Achte darauf, dass du die Reihen nicht zu eng beieinander säst. In 4–6 Wochen kannst du deinen ersten eigenen Salat ernten!

Auch **Radieschen** können ab jetzt gesät werden. Da sie ebenfalls eine recht kurze Kulturdauer von 4–6 Wochen haben, kannst du Radieschen fortlaufend bis Ende August auch immer wieder als „Lückenfüller" säen.

Du wunderst dich, warum wir **Petersilie** gar nicht in die Beetplanung mit aufgenommen haben? Zurecht! Auf den ersten Blick könnte man meinen, dass Petersilie (geschmacklich) perfekt zu Salat passt. Aber eben auch nur geschmacklich! Im Beet ist Petersilie ein äußerst schlechter Nachbar für alle Salate. Die Stoffwechselausscheidungen und ätherische Öle der Petersilie wirken extrem schädigend auf alle Salate.

ANFANG APRIL

Wie aufregend! Die ersten kleinen Blättchen deines Pflücksalats sprießen. Solltest du nun feststellen, dass die kleinen Salatpflänzchen zu eng beieinander stehen, ist jetzt der Zeitpunkt, diese zu vereinzeln.

Nicht nur beim Pflücksalat geht es voran, auch den Kopfsalat kannst du nun aussäen bzw. die vorgezogenen Pflänzchen ins Beet setzen. Wenn du den Kopfsalat im Februar vorkultiviert hast, solltest du beim Einsetzen der zarten Jungpflanzen unbedingt darauf achten, sie nicht zu tief in die Erde zu setzen. Es mag vielleicht etwas wacklig aussehen, aber nur auf diese Weise können sich die Köpfe ausbilden.

Na, was sagst du? Fühlt sich schon verdammt nach Frühling an, oder? Mit der Ernte deines Salates musst du dich zwar noch ein wenig gedulden, aber die Zeit bis dahin kannst du gut nutzen. Jetzt wollen die **Steckzwiebeln** nämlich ebenfalls ins Beet gesetzt werden. Denk dabei immer an den Spruch: Zwiebeln reiben sich gerne! Du darfst sie also gerne eng, mit rund 10 cm Abstand zueinander pflanzen.

Kleiner Tipp:
Obwohl Steckzwiebeln insgesamt eher wenig Wasser benötigen, solltest du sie in den kommenden, warmen Sommermonaten regelmäßig wässern. Nur zu gut darfst du es damit nicht meinen! Werden die Zwiebeln im Boden zu nass, bilden sie schnell Schimmel und faulen unter der Erde. Wäre doch schade darum ...

AB MITTE APRIL

Die Vorkultur auf der Fensterbank geht weiter! Bei **Gurken** gibt es einen tollen Trick, der dir später im Beet starke, reich tragende Pflanzen beschert. Befülle fürs Vorziehen der Salatgurke die Anzuchttöpfe nur bis zur Hälfte mit Aussaaterde und setze je Topf 2–3 Gurken-Samen ein. Hier greift das Motto „Nur die Harten kommen in den Garten", denn sobald der kräftigste Sämling mit seinen Blättern über den Rand des Anzuchttopfes hinweg wächst, kannst du die verbleibenden schwächeren Pflänzchen entfernen. Der stärkste Sämling darf von nun an den Topf für sich alleine beanspruchen und entwickelt sich so idealerweise zu einer robusten Gurkenpflanze!

Derks Tipp

Auf Seite 26 findest du DiY-Alternativen zu den Anzuchttöpfen aus dem Pflanzenfachhandel – und zwar aus dem eigenen Haushalt. Eierkartons z. B. sind nicht nur ökologisch und preiswert, sondern auch praktisch. Die Setzlinge kannst du später samt des (zugeschnittenem) Eierkartons ins Beet setzen, denn dieser verrottet in der Erde.

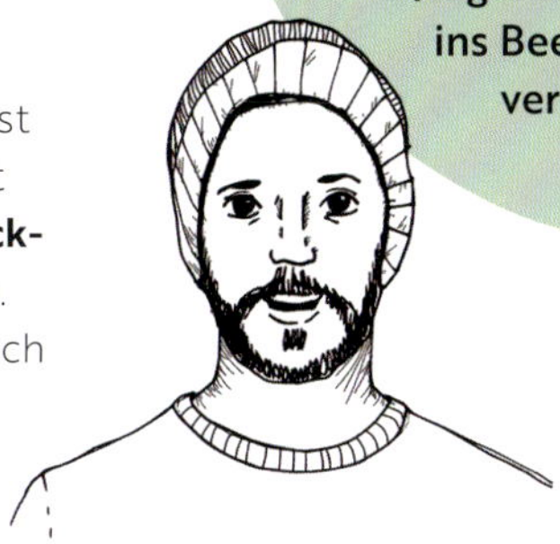

DEZEMBER NOVEMBER OKTOBER SEPTEMBER AUGUST JULI JUNI MAI APRIL MÄRZ FEBRUAR JANUAR

ENDE APRIL/ANFANG MAI

Nun heißt es: Geduld bewahren. Die Zeit Ende April/ Anfang Mai kann einen motivierten Gärtner ganz schön auf die Palme bringen. Aufs Wetter ist kein Verlass und auch wenn die Sonne seit Tagen scheint, kann man nie sicher sein, dass nicht doch noch einmal die Kälte einbricht. Als kleine Motivation für zwischendurch: Schau dir die Radieschen an, da passiert schon richtig was!

„Säe mich im April,
dann komm ich wann ich will.
Säe mich aus im Mai,
dann komm ich 1, 2, 3 …"

Vor den Eisheiligen, die Mitte Mai sind, solltest du die vorkultivierte Gurke auf keinen Fall in dein Hochbeet setzen. Beim kleinsten Frost würde sie erfrieren. Aber: Du kannst dir die Wartezeit versüßen und im Pflanzenhandel nach einer jungen Schnittlauchpflanze und schönen bunten Stiefmütterchen stöbern. Denn diese sind robuster und können bereits jetzt ins Beet gesetzt werden! Versichere dich bei den Stiefmütterchen unbedingt, dass diese ungespritzt sind, denn du willst sie bald ernten und essen können. Welche Farbe(n) du wählst, hängt ganz von dir und deinem persönlichen Geschmack ab! Wer weiß, vielleicht locken die leckeren, bunten Blüten ja auch den Sommer schneller an?

MITTE MAI

Das Warten hat sich gelohnt! Die erste Ernte steht an und schon daraus kannst du einen kleinen Salatteller zaubern. Denn sowohl der Pflücksalat, der Kopfsalat als auch die ersten Radieschen sind nun reif.

Und so erntest du den Salat richtig:

Kopfsalat: Schneide den gesamten Salatkopf mit einem scharfen Messer nah am Boden ab oder drehe den Kopf komplett samt der Wurzel aus dem Boden.

Pflücksalat: Pflücksalat und Rucola solltest du „Blatt für Blatt" ernten. Das ist praktisch, weil du immer nur genau so viel ernten kannst, wie du auch benötigst. Ganz nach dem Motto: vom Beet sofort auf den Teller. Ernte dabei immer die großen Blätter von außen ab, und zwar am besten morgens. Da sind die Blätter besonders kühl und knackig. Wenn du das Herz der Salatpflanze stehen lässt, wächst der Salat weiter und du kannst über einen langen Zeitraum (bis zu 6 Wochen) reiche Ernte genießen.

Jans Tipp

Wer vorgezogene Salate im Pflanzenhandel kauft, erhält meist eine ganze Schale mit 10–12 kleinen Pflanzen. Damit nicht alle gleichzeitig reif sind, macht es Sinn, die kleinen Salatköpfe mit einigen Tagen Zeitabstand zu pflanzen. In der Schale halten sie sich meist gut. So kann man später im Beet auch nach und nach ernten!

Und die Radieschen?

Die scharfen roten Knollen sollten nun eine Größe von etwa 2–3 cm haben. Wie wäre es, wenn du zu den Radieschen gleich auch noch einen passenden Witz servierst?

Kleiner Gärtnerwitz

Frage: Warum sind Radieschen so rot?
Antwort: Sie schämen sich, weil sie noch so klein und schon so scharf sind.

Ach, Radieschen! Radieschen, sagt man, sind das einfachste Balkongemüse. Und Tatsache, die kleinen roten Knollen gelingen eigentlich fast immer! Knackig, klein, rund, rot und wunderbar würzig ...

... oder doch ein wenig zu scharf? Woran liegt es, dass Radieschen aus dem Eigenanbau manchmal so ungenießbar scharf sind?

Radieschen sind schärfer, je kleiner sie sind. Die Schärfe kommt vom Senföl, das in der Knolle enthalten ist. Ironischerweise soll die Schärfe eigentlich Fressfeinde abhalten, für uns Menschen aber macht genau dies die kleinen roten Knollen so schmackhaft! Festzuhalten wäre also: Sind sie zu scharf, bist du zu ...

... kleiner Scherz! Wenn dir die Radieschen zu scharf sind, kannst du Abhilfe schaffen, indem du die Knollen vor dem Verzehr salzt oder dünstest.

Auch die Blätter der jungen Radieschenpflanze kannst du in der Küche verarbeiten. Nach dem Waschen einfach trocken tupfen und in Streifen schneiden oder hacken. Übers Essen gestreut oder unter Quark/Frischkäse gerührt, sorgen sie für einen extra Vitaminkick.

Torges Tipp

Aus schlapp mach knackig! Wenn Radieschen schon ein paar Tage liegen, werden sie wieder knackig, wenn du die Knollen für kurze Zeit in Wasser legst.

MITTE MAI (NACH DEN EISHEILIGEN)

Der Frost ist vorbei und es ist offiziell: Der Frühling ist da und der Sommer nicht mehr weit. Die auf der Fensterbank vorgezogene Salatgurke kannst du nun (bei einer Mindestgröße von 25 cm) beruhigt ins Beet setzen. Da Gurken Kletterpflanzen sind, freuen sie sich über eine Rankhilfe im Beet. Bietest du der Gurke ein Gerüst zum Emporklettern, verhinderst du auch, dass sich ihre Triebe über das ganze Beet ausbreiten. Umsonst und viel schöner als ein Modell aus dem Baumarkt ist eine natürliche Rankhilfe: Suche dir zum Beispiel einen abgebrochenen Ast mit mehreren Armen, stecke ihn neben die Gurkenpflanze ins Beet und lehne die Jungpflanze dagegen. Bald wird sie sich von selbst um den Ast winden und daran emporklettern.

Was auch geht: Die Gurke schön an den Rand des Beetes pflanzen und ihr den Weg nach unten weisen. Dann rankt die Gurke an deinem Hochbeet runter – das spart Platz und sieht toll aus.

Kleiner Tipp von den Stadtgärtnern:
Hast du noch Platz im Beet oder die Möglichkeit, einen Blumentopf in der Nähe aufzustellen, dann pflanz unbedingt Borretsch. Borretsch ist durch seine zahlreichen Blüten ein absoluter Insektenmagnet und lockt die wichtigen Bestäuber so in die Nähe deiner Gurkenpflanze.

Damit noch nicht genug! Auch die **Kapuzinerkresse** kannst du nun aussäen, und zwar am besten direkt an den Rand des Beets. Die Kapuzinerkresse wird sich in den kommenden Monaten ganz schön breit machen – deshalb ist es sinnvoll, sie an die Außenseite des Beets zu setzen, damit sie daran herabwachsen kann. So nimmt sie den anderen Pflanzen keinen Platz weg. Netter Nebeneffekt: So eine Pflanze mit großen, grünen Blättern und bunten Blüten sieht an der Seite deines Beets einfach toll aus.

ENDE MAI

Deine **Radieschen** sind nun alle geerntet und du hast wieder etwas Platz im Beet geschaffen. Natürlich kannst du Radieschen auch weiterhin als „Lückenfüller" säen, doch dafür solltest du den Standort im Beet wechseln. Dort, wo die roten Knollen vorher wuchsen, ist der Platz für die Direktsaat von Rucola reserviert. Die leckeren, leicht scharfen Blättchen haben eine Kulturdauer von etwa 6–8 Wochen und die Aussaat ist fortlaufend bis September möglich.

Auch beim **Schnittlauch** sollte sich einiges getan haben. Hast du ihn vor einigen Wochen als Jungpflanze ins Beet gesetzt, sind die Halme nun schon rund 15 cm lang, knackig grün und bis in den Herbst hinein jederzeit erntebereit! Da Schnittlauch am besten frisch schmeckt, solltest du bei Bedarf immer nur die benötigte Menge ernten. Dazu einfach die Halme mit der Schere 2–3 cm über dem Boden abschneiden.

Was tun, wenn Schnittlauch blüht?

Freu dich! Die schönen rosa Blüten sind nicht nur eine beliebte Nahrungsquelle für Bienen und Hummeln, sondern ebenfalls essbar und eignen sich hervorragend als Deko auf dem Salatteller.

MITTE JUNI

Was ist denn das in deinem Beet? Die **Gurke** blüht! Schöne, gelbe Blüten sind ein toller Hingucker und signalisieren dir, dass du dich nur noch etwa 2 Wochen gedulden musst, bis du die Gurke zum ersten Mal ernten kannst! Auch, wenn du noch immer Pflücksalat erntest, kannst du nun schon einmal Vorsorge betreiben. Denn wenn der Stiel des Pflücksalates schon ganz hoch gewachsen ist und die Blätter immer kleiner ausfallen, ist es an der Zeit, die Salatpflanzen aus dem Beet zu nehmen. Deshalb: Säe nun eine oder zwei neue Reihen Pflücksalat neben die alten Reihen.

ANFANG/MITTE JULI

Mhhhh ... Dein Salatteller bekommt nun eine ganz neue Note, denn der **Rucola** ist bereit zur Ernte. Auch hier gilt: Pflücke frisch und nur so viel, wie du brauchst. Denn auch Rucola wird schnell schlapp und schmeckt am knackigsten, wenn er gerade frisch geerntet wurde.

Der Rucola blüht. Was nun?

Den optimalen Erntezeitpunkt hast du verpasst, aber das macht nichts! Rucola kann auch nach der Blüte noch geerntet und ohne Bedenken verzehrt werden, wobei er an Schärfe gewinnt. Lecker und gesund ist er aber immer noch! Die Blüte kannst du auf zwei Arten nutzen. Entweder platzierst du sie als optischen Hingucker auf dem Salatteller oder du wartest, bis sie verblüht und vertrocknet ist. Dann schneidest du sie ab, lässt die Samenhülle nachtrocknen und holst die Körnchen heraus. Die Samen kannst du in einer Papiertüte kühl und dunkel lagern und im nächsten Jahr wieder in deinem Beet aussäen.

Ran an die Gurken! Auch die ersten Salatgurken sind nun reif. Dabei kannst du dir merken: Wenn sie noch etwas kleiner sind als die Gurken, die du aus dem Supermarkt kennst, sind sie perfekt! Zu früh ernten geht bei Gurken nämlich eigentlich gar nicht, denn je jünger die Gurke, desto höher der Vitamingehalt. Wartest du mit der Ernte aber zu lange, riskierst du, dass deine Gurken wässrig und bitter im Geschmack werden.

Derks Tipp

Ernte die Gurken am besten in den Morgenstunden, da haben sie die meisten Nährstoffe! Nutze dafür idealerweise ein scharfes Messer; auf keinen Fall solltest du die Gurke „abdrehen", denn die Gefahr, dabei Triebe oder die ganze Pflanze zu beschädigen, ist zu groß.

JULI

Gute Laune im Beet: Oh, wie schön! Mit den ersten Blüten der **Kapuzinerkresse** wird dein Beet ganz farbenfroh. Bis in den Oktober hinein kannst du (und alle Hummeln und Bienen) die schönen Blüten genießen. Kleiner Fun Fact: Ihren Namen erhielt die Kapuzinerkresse wegen ihrer zipfelförmig geformten Blüten, die früher an die Kapuzen der Mönche erinnerten.

Studieren geht über Probieren! Kapuzinerkresse und Stiefmütterchen sind essbar und nicht giftig. Du kannst die Blüten bedenkenlos zum Dekorieren des Salattellers benutzen und verzehren. Doch nicht alles, was lecker aussieht, ist auch verträglich. Einige Pflanzen und ihre Blüten sind sogar hochgiftig. Also Vorsicht! Informiere dich unbedingt über die jeweilige Blume, bevor du sie deinen Gästen servierst. Eine kleine Auswahl an genießbaren Blüten: Kapuzinerkresse, Stiefmütterchen, Gänseblümchen, Kornblume, Schafgarbe, Veilchen sowie Blüten von Borretsch, Rose, Ringelblume, Bärlauch, Buchweizen, Holunder, Jasmin, Löwenzahn, Rucola, Zucchini, Schnittlauch, Schnittknoblauch und Thymian.

ENDE JULI

Absolut nicht zum Weinen! Die **Steckzwiebeln**, die du Anfang April ins Beet gesetzt hast, sollten sich nun langsam erntereif zeigen. Dass es so weit ist, siehst du daran, dass ihr Zwiebelgrün verwelkt bzw. vertrocknet ist und sich gelblich färbt. Ziehe die Zwiebeln dann einfach am Laub aus der Erde.

Zwiebeln lagern: Damit du noch lange etwas von den Zwiebeln hast, solltest du sie nach der Ernte noch einige Tage auf dem Gartenboden oder deinem Balkon trocknen lassen. Natürlich nur, wenn es nicht regnet! Wende die Zwiebeln regelmäßig in der Sonne, damit die äußeren Zwiebelhäute von allen Seiten gleichmäßig trocknen können und die Zwiebeln so haltbar werden. Danach kannst du sie in der Speisekammer oder im Keller kühl und trocken lagern und noch wochenlang verarbeiten. Aber Vorsicht: nicht unmittelbar neben Kartoffeln lagern – oft faulen die Zwiebeln in der Nähe der Knollen schneller.

ANFANG AUGUST

Die Zwiebeln sind raus aus dem Beet und du hast wieder Platz für etwas Neues. Doch bevor du an der Stelle den **Feldsalat** aussäst, lockere und wässere den Boden gründlich! Dann kann es schon losgehen: Feldsalat ist zart und nussig im Geschmack und sehr beliebt als Wintersalat! Achte beim Kauf der Samen auf die Sorte, denn es gibt auch Feldsalat, der deutlich früher gesät werden muss. Die Aussaat kannst du direkt ins Beet vornehmen. Nach 2–3 Wochen keimt dein Feldsalat schon.

ENDE AUGUST

Zwar ist noch Hochsommer, doch Fakt ist: Der Winter wird kommen. Deshalb ist es zumindest im Hochbeet schon jetzt an der Zeit, sich anbautechnisch auf die kühleren Monate vorzubereiten. Für erntefrischen Salat in der kalten Jahreszeit eignet sich der **Winterportulak** sehr gut. Dieser kann ab sofort durchgehend bis Februar direkt ins Beet gesät werden.

Eigentlich ist Winterportulak sogar fast das ganze Jahr anbaufähig, doch besonders beeindruckend ist natürlich seine Unempfindlichkeit gegenüber Frost und Kälte. Und das Beste kommt erst noch: Als echte Vitaminbombe bringt dich der Winterportulak gestärkt durch die kalte Jahreszeit! Übrigens: Von der Pflanze ist alles essbar – Blätter, Stängel und Blüte!

MITTE SEPTEMBER

Der Herbst-/Wintersalat wird abwechslungsreich. Den Anfang macht die erste Ernte des Feldsalats. Da der Feldsalat sehr frostbeständig ist, kann dieser den ganzen Winter über geerntet werden.

ENDE SEPTEMBER

An den **Salatgurken** kannst du dich nach wie vor erfreuen. Damit du die Pflanze auch bis zum Schluss „auskostest", knipse jetzt alle neuen Blütenansätze an der Pflanze ab. So haben die bereits vorhandenen (derzeit noch kleinen) Gurkenfrüchte die nötige Kraft, um in den nächsten Wochen noch voll auszureifen!

Willst du im Frühling nächsten Jahres gleich mit frischer Ernte aus deinem Hochbeet weitermachen, ist jetzt der richtige Zeitpunkt, um neuen **Feldsalat** zu säen. Sobald die Temperaturen unter 8–10 °C fallen, stoppt das Wachstum. Bei einem milden Verlauf des Winters beginnen die Blättchen schon im Februar wieder zu sprießen, sodass der Feldsalat im Frühling erntereif ist.

ANFANG OKTOBER

Ja, man muss vorausschauend arbeiten in so einem Hochbeet. Doch das hat durchaus etwas Gutes: Denn wer ein wenig Planung investiert, kann sich eigentlich fast das ganze Jahr über an frischer Ernte aus seinem eigenen Beet erfreuen. Der Oktober zum Beispiel ist der ideale Monat, um Wintersteckzwiebeln fürs nächste Jahr zu setzen. Die Ernte erfolgt dann schon im Juni!

Ebenfalls ist es nun an der Zeit, den **Schnittlauch** für die nächste Gartensaison zu vermehren. Dafür einfach die Pflanze samt Wurzelballen aus dem Beet ausgraben und diesen vorsichtig auseinanderziehen. So trennst du die dicht beieinanderstehenden Zwiebelchen voneinander. Falls vorhanden, nur noch schnell das Unkraut entfernen und schon können die Pflanzen an unterschiedlichen Stellen wieder ins Beet eingesetzt werden. Danach solltest du die Halme auf 5 cm runter schneiden, damit diese im nächsten Jahr wieder grün und knackig nachwachsen.

MITTE OKTOBER

Mit der ersten Ernte des Winterportulaks geht die offizielle Gartensaison so langsam dem Ende zu. Doch bei dir im Beet ist noch lange nicht Schluss. Sowohl mit dem Feldsalat als auch mit dem Winterportulak ist dir frischer Salat den ganzen Winter über gesichert.

Jans Tipp

Wenn du auch im Winter nicht auf Schnittlauch verzichten magst, kannst du dir einen Teil der Pflanze beim Vermehren auch in einen Topf umsetzen und auf der Fensterbank halten.

Ernte die Blätter, sobald sie 15–20 cm groß sind, indem du sie ungefähr 1 cm über der Wurzel mit einer Schere abschneidest. Wenn du immer genug Blätter stehen lässt, wachsen automatisch an alter Stelle neue nach und du kannst jedes Blatt bis zu sechsmal und bis in den April hinein ernten.

ANFANG NOVEMBER

Auch die schönste Gartensaison neigt sich irgendwann dem Ende zu. Die letzten Gurken sind geerntet, der Pflücksalat ist längst geschossen und die Kapuzinerkresse verblüht. Nun heißt es: Das Hochbeet winterfest machen. Entferne Gurkenpflanzen, die Reste von Radieschen und den Kopfsalat. Wenn du den Pflücksalat noch etwas stehen lässt und wartest, bis er geschossen ist und blüht, kannst du noch Samen fürs nächste Jahr „retten". Nach der Blüte bilden sich oben am Stängel winzige Pusteblumen mit den Samen. Am besten lagerst du sie in kleinen Tütchen aus Zeitungspapier oder in Gläsern. Danach können auch die Pflanzen des Pflücksalates aus dem Beet entfernt werden.

Die Kapuzinerkresse kannst du einfach erfrieren lassen. Stiefmütterchen sind meist zweijährig und sterben im Jahr nach der Blüte ab.

Je nachdem wie groß dein (Salat)hunger ist, hättest du bei den freien Flächen im Hochbeet nun noch die Möglichkeit, Feldsalat und Winterportulak auszusäen. Da die Pflanzen beide Schwachzehrer sind, brauchen sie wenig Nährstoffe und wachsen auch auf schon genutzten Flächen. Herbstaussaaten liefern zwar normalerweise erst im Frühjahr erntereife Blätter, haben aber gegenüber den erst in der nächsten Saison gesäten Salaten einen Wachstumsvorsprung.

Es ist sinnvoll, das Beet bereits im Herbst für das neue Jahr mit organischem Dünger zu versorgen. Wer jetzt noch einmal Kompost unter die Erde mischt, wird im nächsten Jahr von vielen Nährstoffen und einer guten Bodenbeschaffenheit profitieren!

BUNTER SOMMERSALAT

Sommer, gutes Wetter, viel Sonne und Lust auf etwas Leichtes, Frisches auf dem Teller: Für diesen leckeren Sommersalat muss man kein Meisterkoch sein, sondern kann einfach nur meisterhaft Spaß am Anrichten und Dekorieren haben. Frisch geerntete Salatblätter, knackige knallrote Radieschen, eine saftige Gurke und leicht scharfen Rucola. Als Topping: leckere Blüten von Kapuzinerkresse oder Stiefmütterchen, klein gehackten Schnittlauch und leicht angeröstete Kerne. Der Salat ist ein Gedicht für Augen und Gaumen!

ZUTATEN FÜR EINEN BUNTEN SOMMERSALAT

aus dem Beet:

- RUCOLA
- PFLÜCKSALAT
- RADIESCHEN
- GURKE

als Topping:

- SCHNITTLAUCH
- ESSBARE BLÜTEN

abgerundet mit:

- ERDBEEREN
- KLEINEN SNACKTOMATEN
- PAPRIKA

Zu einem Sommersalat gehört ein sommerliches Dressing. Um den Effekt hinzukriegen, bedarf es nur eines kleinen Tricks: Fruchtmarmelade (ohne Stückchen) unterrühren. Die fruchtige Note passt zum Sommer und schmeckt dazu auch noch absolut köstlich!

SOMMERSALAT-DRESSING

- OLIVENÖL
- BALSAMICO-ESSIG
- SENF
- SALZ
- PFEFFER
- ZITRONENSAFT
- FRUCHTKONFITÜRE (OHNE STÜCKCHEN)

Auch im Winter kannst du von diesem Beet noch reichlich Zutaten für einen bunten Salatteller ernten. Die Mischung aus Winterportulak und Rucola, Radieschen, gerösteten Zwiebeln lässt sich prima mit Pilzen und gerösteten Walnüssen ergänzen und schmeckt auch als Beilage köstlich zu Suppe oder Eintopf.

Tipp von den Stadtgärtnern:
Salat immer unter fließendem Wasser reinigen. Wenn die Blätter im Wasser liegen, gehen schnell wertvolle Vitamine und Mineralstoffe verloren!

ZUTATEN FÜR EINEN BUNTEN WINTERSALAT

aus dem Beet:

- RUCOLA
- WINTERPORTULAK
- RADIESCHEN

als Topping:

GERÖSTETE ZWIEBELN

abgerundet mit:

- PILZEN
- WALNÜSSEN

WINTERSALAT-DRESSING

- OLIVENÖL
- ESSIG
- SALZ
- PFEFFER
- ZWIEBELN (KLEINGEHACKT)
- SENF
- HONIG

Tipp von den Stadtgärtnern:
Knackig bleiben! Abgeernteten Salat kannst du mit einem kleinen Trick länger frisch halten. Schlage dafür ein in Wasser und einem Schuss Essig getränktes Tuch um die Blätter und lagere den Salat im Kühlschrank.

GRILL MEISTER

Der Experte am Grill? Das bist dann wohl du! Ob saftiges Fleisch, frischer Fisch oder die Veggie-Variante mit Mais, Halloumi und Zucchini. Mit diesem Beet bist du bei der nächsten Gartenparty garantiert als Grillmeister gefragt. Passende Kräuter aus dem Beet zaubern im Handumdrehen selbst gemachte Marinaden und sommerliche Saucen. Du erfährst außerdem, welche Kräuter welches Fleisch perfekt geschmacklich abrunden.

ÜBERSICHT *Pflanzen*

PFLANZE	SONNE	WASSERBEDARF	NÄHRSTOFFBEDARF
KNOBLAUCH	3	1	2
SCHNITTLAUCH	2	2	2
STECK-ZWIEBELN	3	1	2
DILL	3	2½	1
CHILI	3	3	3
ZUCCHINI	3	1	3
ROSMARIN	3	1	1
GEWÜRZ-THYMIAN	2½	1	1
STRAUCH-BASILIKUM	3	3	3
PETERSILIE	2	2½	2
JAP. WASSER-PFEFFER	2	2½	1

viel	3 (Sonne)
mittel	2 (Sonne)
wenig	1 (Sonne)
viel	3 (Wasser)
mittel	2 (Wasser)
wenig	1 (Wasser)
stark	3 (Nährstoffe)
mittel	2 (Nährstoffe)
schwach	1 (Nährstoffe)

Grillmeister

ÜBERSICHT Kulturen

PFLANZE	KULTUR	MONAT
KNOBLAUCH	DIREKTSAAT	ENDE FEBRUAR
SCHNITTLAUCH	JUNGPFLANZE INS BEET SETZEN	ANFANG MAI
STECKZWIEBELN	DIREKTSAAT	ANFANG APRIL
DILL	DIREKTSAAT	MITTE APRIL
CHILI	VORZIEHEN AUF DER FENSTERBANK	MITTE FEBRUAR
ZUCCHINI	VORZIEHEN AUF DER FENSTERBANK	MITTE APRIL
ROSMARIN	JUNGPFLANZE INS BEET SETZEN	ANFANG MAI
GEWÜRZTHYMIAN	JUNGPFLANZE INS BEET SETZEN	ANFANG MAI
STRAUCHBASILIKUM	DIREKTSAAT	ENDE APRIL
PETERSILIE	VORZIEHEN AUF DER FENSTERBANK	MITTE APRIL
JAPANISCHER WASSERPFEFFER	JUNGPFLANZE INS BEET SETZEN	ANFANG MAI

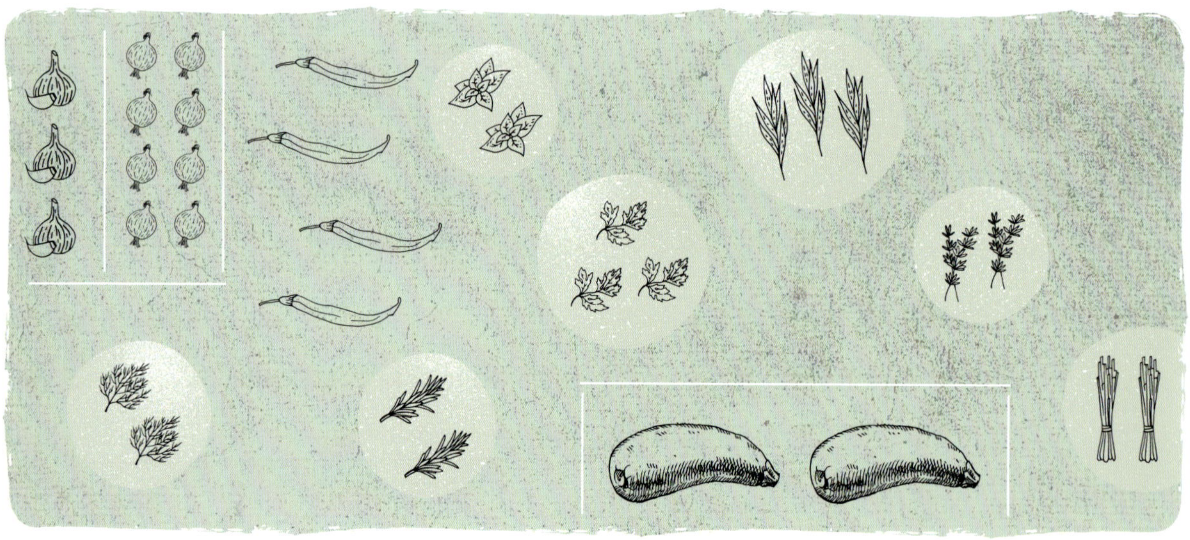

Süß +
summend
Grillmeister

MITTE FEBRUAR

„I am a gardener.
What's your superpower?"

Die Gartensaison beginnt früh im „Grillmeister"-Hochbeet. Denn schon jetzt ist es an der Zeit, **Chili** in Anzuchttöpfen auf der Fensterbank vorzukultivieren. Chili wächst am besten an einem warmen Ort, optimal wäre eine Temperatur um die 25 °C. Wenn du dein Schlafzimmer nicht heizt, suche dir einen Ort in deiner Wohnung, an dem es so hell und so warm wie möglich ist. Vielleicht eine Fensterbank nahe der Heizung im kuscheligen Wohnzimmer? Chili mag es, wenn die Erde feucht, aber nie ganz nass ist – also sei lieber sparsam mit dem Gießen oder benutze eine Sprühflasche als Werkzeug. Du merkst, die Anzucht von Chili-Pflanzen ist in der Tat etwas aufwändig, aber hier geht es schließlich auch um die Wurst – oder besser das Steak. Die Mühe lohnt sich also!

ENDE FEBRUAR

Dein Hochbeet ruft! Schon jetzt kannst du den **Knoblauch** am Beetrand in die Erde setzen. Hier ist er gut aufgehoben, denn ein stetiger, leichter Windzug hindert die Knoblauchfliege daran, sich auf der Pflanze nieder zu lassen. Wasser benötigt Knoblauch kaum. Er dankt es dir aber, wenn du die Erde rundherum die ganze Gartensaison über unkrautfrei hältst und den Boden regelmäßig auflockerst – dagegen hat übrigens keine deiner Pflanzen etwas einzuwenden.

MÄRZ

Das Warten auf den Frühling kann unerträglich sein – besonders für Hobbygärtner. Nutze die Wartezeit doch einfach sinnvoll, indem du jetzt noch einmal die Erde in deinem Hochbeet „optimierst". Ziel ist es dabei, einen Boden zu schaffen, der alle Nährstoffe enthält, die deine Pflanzen bald brauchen werden. Möglichst locker soll er auch noch sein, denn nur so kann reichlich Sauerstoff an die Wurzeln kommen. Mische dafür frischen, bereits voll zersetzten Kompost unter die Beeterde und fülle evtl. auch Erde nach. Zusammen mit Hornspänen solltest du die oberste Erdschicht noch einmal kräftig umgraben.

ANFANG APRIL

Neben den Knoblauch gesellt sich die **Steckzwiebel**, die du nun ins Beet setzen kannst. Gut zu wissen: Steckzwiebeln kuscheln gerne. Der Abstand zwischen den Zwiebelchen muss also nicht besonders groß sein, sondern du kannst sie dicht, je nach Sorte im Abstand von 5–10 cm, pflanzen.

Wasser marsch ...

... oder doch nicht? Steckzwiebeln und Knoblauch benötigen insgesamt wenig Wasser. Bei zu viel Feuchtigkeit besteht nämlich die Gefahr, dass die Knollen unter der Erde faulen. Ist der Sommer sehr heiß und trocken, müssen natürlich auch Zwiebelchen und Knoblauch in regelmäßigen Abständen gegossen werden, aber:

take it easy!

MITTE APRIL

„Gemüse zu säen bedeutet, an morgen zu glauben!"

In diesem Sinne kann es weitergehen ...

... mit der Vorkultur der Zucchini auf der Fensterbank. Diese kannst du jetzt in Anzuchttöpfen aussäen. Bei einer Raumtemperatur von rund 20 °C keimt die Zucchini innerhalb einer Woche.

... mit der Vorkultur der Petersilie auf der Fensterbank. Dazu die Samen in Anzuchttöpfen aussäen. Nach wenigen Tagen siehst du die ersten Keimlinge! Nachdem sich dann das zweite Blattpaar gebildet hat, musst du die Petersilie vereinzeln.

... mit der Aussaat des Dills, ebenfalls bekannt als „Gurkenkraut", direkt in dein Beet. Dazu streust du kreisrund einige Samen in die Erde. Der Standort neben den Zwiebeln ist perfekt, denn Dill wirkt sich positiv auf das Wachstum der Zwiebelknollen aus! Nach wenigen Tagen schon sprießt der erste Dill. Doch warum heißt der Dill eigentlich auch Gurkenkraut? Die Antwort auf diese Frage ist ganz einfach! Oder kannst du dir etwa einen Gurkensalat ohne Dill vorstellen?

ENDE APRIL

In deinem Beet ist immer was los! Heute kannst du die Direktsaat des **Strauchbasilikums** vornehmen. Die Keimung geht in der Regel sehr schnell, meist zeigen sich schon nach drei Tagen die ersten Pflänzchen. Das Strauchbasilikum wird dir noch viel Freude bereiten. Es ist wunderbar würzig im Geschmack und darüber hinaus in deinem Beet wunderschön anzusehen. Hummeln und Bienen stürzen sich gerne auf die lila Blüten und auch als Deko auf dem Grillteller sind sowohl Blätter als auch Blüte ein toller Hingucker!

DEZEMBER NOVEMBER OKTOBER SEPTEMBER AUGUST JULI JUNI MAI APRIL MÄRZ FEBRUAR JANUAR

ANFANG MAI

Achte auf den **Dill**! Wenn die Pflanzen zu eng stehen, solltest du jetzt auf jeden Fall einige jäten und zum Würzen verwenden. Dazu einfach die kleineren Pflänzchen entfernen und den Dill insgesamt etwas ausdünnen. Im Laufe des Sommers wächst der Dill nämlich zu sehr kräftigen Pflanzen heran, die viel Platz benötigen. Bis zu einem Meter können sie hoch werden! Dazu bilden sie lange, tiefe Wurzeln, sodass ein späteres Umsetzen quasi unmöglich ist.

Derweil auf der Fensterbank:

Die **Chili** bildet ihre erste Blüte! Diese sogenannte „Königsblüte" ist meist in einer Gabelung des Haupttriebs zu finden. Durch das Abknipsen dieser regst du das Wachstum weiterer Blüten an und kannst so den Ertrag erhöhen.

Um die Wartezeit bis nach den Eisheiligen zu überbrücken, empfehlen wir dir nun einen Ausflug in die Gärtnerei deines Vertrauens. Vier Pflanzen stehen auf deinem Einkaufszettel, aber bummeln ist natürlich trotzdem erlaubt. Zunächst einmal kannst du dir eine schöne, junge **Schnittlauchpflanze** aussuchen. Auch bei **Gewürzthymian** ist es sinnvoll, sich eine Jungpflanze zu kaufen und diese dann direkt ins Beet zu setzen. Die Samen des Thymians sind so winzig, dass sie bei der Direktsaat im Beet mit dem nächsten Regen- bzw. Guss aus der Gießkanne wegschwimmen würden. Thymian ist mit wenig zufrieden: wenig Nährstoffe und wenig Wasser. Im Grunde musst du ihn nie gießen, außer, wenn der Sommer extrem heiß und trocken ist oder in den ersten Tagen nach dem Einsetzen ins Beet.

Jetzt noch schnell **Rosmarin** und **Japanischen Wasserpfeffer** in den Einkaufswagen laden und dann kannst du deine Shoppingtour beenden. Zuhause kannst du die Pflanzen gleich ins Beet setzen.

Rosmarin mag es warm an den Füßen! Wenn du der Pflanze etwas Gutes tun willst, lege um die Pflanze herum eine Schicht aus kleinen Steinchen oder Kies aus. Die Sonnenstrahlen heizen die Steine auf und wärmen bis in die Nacht hinein.

Torges Tipp

Gerade am Anfang direkt nach dem Einsetzen der Pflanzen in dein Beet solltest du nicht sparsam sein beim Gießen! Wenn die Kräuter einige Tage etwas durchhängen, ist das kein Grund zur Sorge! Sie werden sich schnell an ihr neues Zuhause gewöhnen!

MITTE MAI

Endlich! Die Eisheiligen sind vorüber. Ganz offiziell beginnt nun die Gartensaison. Deine vorgezogenen Pflänzchen dürfen von der Fensterbank genommen und ins Beet gesetzt werden. Um deine **Chilipflanze** solltest du etwa einen Radius von 15–20 cm im Beet einplanen, weshalb eine Pflanze in deinem Hochbeet auch vollkommen ausreicht. Übrigens: Gute Nachbarschaft pflegen Chilis mit Basilikum.

Für die **Zucchini** benötigst du noch mehr Platz. Sinnvoll ist deshalb auch ein Platz am Rand des Beetes, damit die großen Blätter die anderen Pflanzen nicht überschatten und eher über das Beet hinaus wachsen können. Während der Saison musst du der Zucchini immer wieder den Weg weisen und die Blätter über den Beetrand hinaus platzieren.

Auch die **Petersilie** darf nun ins Beet. Hier heißt es: Geduld bewahren. Denn im Gegensatz zu anderen Kräutern ist Petersilie eine eher langsam wachsende Pflanze. Darüber hinaus ist Petersilie auch sehr anspruchsvoll – zumindest was den Standort angeht. Das Kraut steht zwar gerne hell, pralle Sonne ist vor allem für die im Haus vorgezogenen Exemplare aber oft zu viel des Guten. Dann kriegen die Blätter schnell weiße Flecken oder die ganze Pflanze geht ein. Unter so vielen sonnenliebenden Pflanzen hat Petersilie es also nicht leicht. Damit du trotzdem Freude an dem Kraut hast, solltest du deine Petersilie im lichten Schatten der anderen Pflanzen wachsen lassen.

In den nächsten Monaten bildet die Chilipflanze zunächst grüne Schoten aus, die bei weiterer Reifung gelb oder rot werden. Schon grün sind die Schoten essbar, die volle Schärfe bildet sich aber erst mit fortschreitender Reifung.

Jans Tipp

Du hast noch mehr Chilis und Zucchini vorkultiviert? Kein Problem! Nachbarn und Freunde freuen sich garantiert über gesunde Jungpflanzen als kleines Mitbringsel oder einen bunten Geschenk-Korb mit verschiedenen vorgezogenen Gemüsepflanzen.

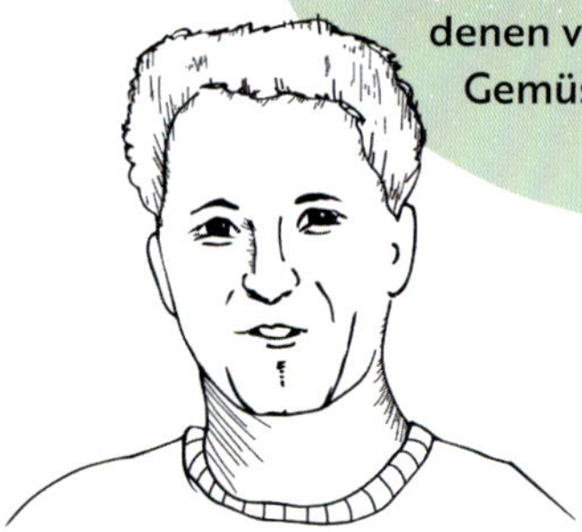

Deine Chilipflanze ist auf der Fensterbank einfach nicht so richtig gut gewachsen? Keine Sorge!

Das muss nicht unbedingt ein Zeichen für unzureichende Pflege sein, sondern verdeutlicht nur, wie zickig Chilis sein können. Die starkzehrende Pflanze braucht sehr viel Wärme und Licht. Wichtig ist: Lass dich nicht ärgern, nur weil mal etwas nicht so läuft, wie du es dir vorgestellt hast. Seine eigenen Erfahrungen machen und einfach Spaß haben beim Säen, Pflegen und Ernten – das ist die Hauptsache beim eigenen Hochbeet! Oft legen Chilipflanzen auch erst im Juni und Juli so richtig los und beginnen üppiger zu wachsen. Und unter uns: Zur Not kannst du auch noch im Pflanzenfachhandel oder beim Gärtner auf dem Wochenmarkt tolle vorgezogene Chilipflanzen kaufen.

ENDE MAI

„Du bist aber groß geworden." Früher hast du so etwas bestimmt von deinen Großeltern gehört, nun sagst du es selbst zu **Dill** und **Schnittlauch**. Denn die haben sicherlich einen großen Sprung gemacht, seit du sie ins Beet gesetzt hast. Die Halme des Schnittlauchs sind nun schon rund 15 cm lang, knackig, grün und können ab jetzt bis in den Herbst hinein jederzeit geerntet werden!

Das ist praktisch, weil Schnittlauch am allerbesten frisch schmeckt. Schneide die gewünschte Menge einfach mit einer Schere 2–3 cm über dem Boden ab. Mhhhh, so lecker!

Oh, wie schön der Schnittlauch blüht!

Die rosa Blüten sind eine Augenweide im Beet und ebenfalls eine beliebte Anlaufstelle für Bienen und Hummeln. Auch für uns Menschen sind sie essbar und eine tolle Dekoration auf dem Teller.

ANFANG JUNI

Ist dein Dill ca. 20 cm hoch gewachsen, kann er geerntet werden. In der Regel hat er die Wachstumshöhe etwa 1–2 Monate nach der Aussaat erreicht. Am allerfeinsten schmecken die Dillspitzen, die du einfach mit einer Länge von etwa 15 cm abschneiden kannst. Frisch geerntet schmeckt Dill natürlich am besten. Solltest du aber mal zu viel geerntet haben, kannst du den Dill in ein Glas Wasser stellen und ihn so noch 1–2 Tage frisch halten. Auch eingefroren hält sich das Aroma sehr gut und lange. Wächst dein Dill zu ausladend, kannst du ihn auch jetzt noch einmal etwas lichten, indem du die kleineren Pflanzen aus der Erde ziehst.

Du willst dir fürs nächste Jahr Samen des Dills sichern? Am besten wartest du dafür auf den Zeitpunkt der Vollreife und schneidest dann die Blütendolden mit einer Schere ab. Zu kleinen Sträußen gebunden, solltest du sie kopfüber an einem gut belüfteten Ort aufhängen. Nun stülpst du von unten saubere Papiertüten über die Blütendolden. Mit der Zeit trocknen die Blütendolden und die Samen fallen in die Tüten.

MITTE JUNI

Der Dill gehört zu den Doldenblütlern und blüht jetzt bis in den August hinein wunderschön gelb. Für das Aroma bedeutet dies, dass die Triebspitzen nun noch schmackhafter sind! Optisch sind die Blüten des Dills ein prächtiger Hingucker – nicht nur im Beet. Denn auch in der Vase macht der Dill eine gute Figur – vorausgesetzt, du stehst auf wilde Blumensträuße!

ENDE JUNI

Die Zeit vergeht wie im Fluge. War gerade eben erst Frühlingsanfang, geht es jetzt steil auf den Hochsommer zu und die Erntezeit ist im vollen Gange! Ein tolles Gefühl, oder? Auch deine **Zucchini** solltest du nun jeden Tag im Auge haben, denn ab jetzt kannst du regelmäßig Früchte ernten.

ANFANG JULI

Der Sommer ist eine tolle Zeit für alle Gärtner. Endlich werden die Mühen belohnt: Kräftige Pflanzen und blühende Kräuter, wo man hinschaut. Die Erntezeit macht einfach Spaß!

Schneide die **Zucchini** immer mit einem scharfen Messer, anstatt sie einfach abzureißen oder zu drehen. So stellst du sicher, dass die Pflanze nicht verletzt wird und weiter fleißig Früchte bildet. Außerdem kannst du die geerntete Zucchini auf diese Weise länger lagern, da sie nicht so schnell fault.

Egal, wonach dir der Sinn steht, nun kannst du täglich in dein Beet greifen und dir jede Menge frischer Kräuter pflücken – für jetzt oder später.

Und so erntest du die Kräuter richtig:

Rosmarin: Rosmarin kann eigentlich das ganze Jahr über geerntet werden. Dazu einfach die einzelnen Blätter oder ganze Triebspitzen mit einem scharfen Messer abschneiden.

Gewürzthymian: Die Erntezeit von Thymian hängt mit dem Gehalt an ätherischen Ölen in der Pflanze zusammen. Am besten ist es, wenn du Thymian erntest, kurz bevor er blüht, denn die Blüten entziehen der Pflanze viel Kraft. Der Zeitpunkt ist gekommen, wenn der Thymian viele Knospen gebildet hat. Auch die Tageszeit spielt eine Rolle. Ideal für die Ernte ist ein trockener Vormittag, denn in der Mittagshitze verflüchtigen sich die ätherischen Öle.

Strauchbasilikum: Du kannst die Blätter des Strauchbasilikums das ganze Jahr über ernten! Wenn du regelmäßig die Triebspitzen abzupfst, verhinderst du, dass sich Blüten bilden. Das ist gut so, denn dann bildet die Pflanze immer wieder frische Blätter.

Petersilie: Petersilie kannst du so lange ganzjährig ernten, bis sie im zweiten Jahr – meist im Frühsommer – blüht. Danach steigt der Gehalt an Apiol, einem ätherischen Öl, so stark an, dass du die Petersilie nicht mehr essen solltest. Bis es soweit ist, schneide oder zupfe immer von außen die Blätter samt Stielen ab. Sei vorsichtig, dass du nie das Herz, also das Wuchszentrum der Pflanze verletzt. Das Herz ist jener dicke Hauptstiel in der Mitte, von dem aus sich immer neue Triebe ausbilden.

Japanischer Wasserpfeffer: Schneide immer komplette Triebe ab, wobei nur die Blätter verwertbar sind. Mindestens ein Blattpaar solltest du immer pro Stiel stehen lassen, sodass die Pflanze schnell wieder austreiben kann.

ENDE JULI

Scharfes Ding! Deine ersten **Chilischoten** sind nun reif, wobei sich der Erntezeitraum je nach Sorte bis in den Herbst hinziehen kann. Hast du dir eine besonders scharfe Sorte ausgeguckt, solltest du bei der Ernte und Verarbeitung unbedingt Gummihandschuhe tragen und darauf achten, dass du nicht in Berührung mit Augen und Schleimhäuten kommst.

Auch die ersten **Steckzwiebeln**, die du Anfang April ins Beet gesetzt hast, kannst du nun ernten. Den richtigen Zeitpunkt erkennst du daran, dass das Zwiebelgrün gänzlich vertrocknet ist und sich gelblich färbt. Um die Zwiebel zu ernten, packst du sie am (Laub-)Schopf und ziehst sie aus der Erde.

Zwiebeln lagern: Um die Zwiebeln zum Lagern vorzubereiten, solltest du sie zunächst vortrocknen. Lege sie dazu nach der Ernte einige Tage auf den trockenen Gartenboden oder deinen Balkon. Wichtig ist dabei, dass sie nicht nass werden. Wende die Zwiebeln regelmäßig, damit sie von allen Seiten gleichmäßig Sonnenlicht bekommen und trocknen können. So machst du sie haltbar! In der Speisekammer oder im Vorratsraum kühl und trocken gelagert, kannst du deine reiche Ernte noch wochenlang genießen und die Zwiebeln weiterhin in leckeren Gerichten verarbeiten! Aber Vorsicht: Zwiebeln und Kartoffeln mögen nicht gerne nebeneinander gelagert werden.

AUGUST

Der **Knoblauch** ist bereit zur Ernte. Der Zeitpunkt ist perfekt, wenn sich das Laub schon braun färbt, aber noch ein Rest grün vorhanden ist. Wartest du mit der Ernte zu lange, kann es passieren, dass sich das Laub beim Rausziehen von der Knolle löst und du nicht alle Knollen in der Erde findest. Außerdem fallen die Knollen dann leicht auseinander und lassen sich nicht gut lagern.

So lagerst du Knoblauch richtig:

Bei richtiger Lagerung kannst du noch viele Wochen nach deiner Ernte vom würzigen Geschmack des Knoblauchs in deiner Küche profitieren. Zumal das Aroma sich durch die Lagerung noch intensiver ausbildet. Hänge den Knoblauch direkt nach der Ernte für einige Tage zum Vortrocknen auf. Entferne dazu einfach die losen Schalen der Knollen, binde die Knollen an den Stielen mit einem Band zusammen und hänge diese dann als Bündel auf. Wichtig: Die Luftfeuchtigkeit darf nicht zu hoch sein, weil die Knollen sonst schnell Schimmel ansetzen. Ist der Knoblauch gut vorgetrocknet, kannst du ihn einlagern. Dazu eignen sich Holzkisten, Papiertüten oder auch ein spezieller Zwiebeltopf. Du kannst die Knollen aber auch auf einem Holzregal nebeneinander legen. Es ist immer gut, wenn frische Luft an den Knoblauch kommt, also auf keinen Fall in Plastiktüten verpacken! Knoblauch mag es außerdem dunkel, trocken und kühl.

MITTE SEPTEMBER

Kaum hast du den Knoblauch geerntet, kannst du jetzt schon wieder neuen Knoblauch fürs nächste Jahr ins Beet setzen. Durch die lange Kulturzeit werden die im Herbst gesteckten Knoblauchzehen größer als im Frühjahr gepflanzte. Gewässert werden muss der Knoblauch eigentlich gar nicht, denn der Herbst bringt in der Regel genug Feuchtigkeit mit sich.

ANFANG OKTOBER

Ebenfalls ist es nun an der Zeit, den **Schnittlauch** für die nächste Gartensaison zu vermehren. Wie das geht, haben wir schon auf Seite 41 für das Beet „Salatglück" beschrieben. Auch den Rückschnitt und die gleichzeitige Ernte der Halme auf rund 5 cm, kannst du hier wieder vornehmen. Falls das zu viel Schnittlauch auf einmal ist, frierst du ihn genau wie beim „Salatglück" für den Vorrat ein.

Übrigens: Wenn du auch im Winter nicht auf frischen Schnittlauch verzichten magst, kannst du einen Teil der Pflanze beim Vermehren auch in einen Topf umsetzen und auf der Fensterbank halten.

MITTE OKTOBER

Zwiebeln für die nächste Gartensaison sind dir sicher, wenn du nun die Wintersteckzwiebeln in dein Hochbeet setzt. Die Ernte erfolgt im Juni nächsten Jahres.

ENDE OKTOBER

Das **Strauchbasilikum** ist sehr frostempfindlich und geht deshalb meist bei sinkenden Temperaturen im Frühherbst ein. Deshalb empfiehlt es sich, es nun abzuernten und die Pflanze aus dem Beet zu nehmen.

NOVEMBER

Wer hat bloß an der Uhr gedreht? Schon wieder neigt sich eine Gartensaison dem Ende zu. Doch bevor du dich zum Winterschlaf zurückziehen darfst, solltest du dein Beet noch richtig winterfest machen.

Die **Zwiebeln** und der **Knoblauch** bleiben den Winter über draußen, weshalb du sie mit etwas Mulch abdecken und so vor Frost schützen kannst. So sicherst du dir eine reiche Ernte im Juni oder Juli nächsten Jahres.

Dill ist einjährig und kann nun komplett aus dem Beet genommen werden. Lässt du ihn stehen, breitet er sich unermüdlich über das ganze Beet aus.

Willst du im nächsten Jahr wieder **Dill** pflanzen, solltest du dies an einem anderen Standort tun. Dill ist zwar unkompliziert in der Fruchtfolge gegenüber anderen Pflanzen, gegen sich selbst aber hegt er eine große Unverträglichkeit.

Die **Petersilie** solltest du zum Winter hin ebenfalls aus dem Beet nehmen. Eigentlich ist die Pflanze zweijährig, doch im zweiten Frühling ihres Lebens blüht Petersilie, bildet dabei viel giftiges Apiol und ist im Grunde nicht mehr zu gebrauchen.

Auch die **Zucchini** und die **Chilis** kannst du zum Winter aus dem Beet nehmen. Zucchini sind einjährig, Chilis dagegen zwar mehrjährig, das Überwintern ist aber sehr kompliziert und gelingt selten, sodass sich der Aufwand kaum lohnt. Die letzte Ernte solltest du aber natürlich noch einfahren.

Thymian ist mehrjährig und winterhart. Als letzte Ernte der Saison kannst du den Thymian nun bis zu den verholzten Stängeln abschneiden und ihn mit Reisig abdecken. Falls Herbst und Winter eher trocken sind, solltest du den Thymian ab und an wässern.

Rosmarin ist zwar mehrjährig, aber Frost ist nicht so seins. Deshalb heißt es: Abdecken, was das Zeug hält. Nimm dafür eine dicke Schutzschicht aus Reisig, Laub oder Stroh.

Den **Japanischen Wasserpfeffer** kannst du stehen lassen, vorausgesetzt du möchtest auch im nächsten Jahr nicht auf diese feurige Pflanze verzichten. Zwar ist Japanischer Wasserpfeffer eigentlich einjährig, aber lässt du ihn im Beet, sät er sich im Frühjahr selbst neu aus. Die alte Pflanze kannst du dann zum Beginn der nächsten Gartensaison entfernen.

Ganz zum Abschluss solltest du eine organische Düngung, zum Beispiel mit Hornspänen vornehmen. Da Hornspäne sich eher langsam zersetzen und die Wirkung über einen langen Zeitraum einsetzt, ist der Herbst der ideale Zeitpunkt für die Düngung. So sicherst du dir einen guten Boden mit vielen wertvollen Nährstoffen für die nächste Gartensaison!

Jans Tipp

Einige Basilikumsorten, z. B. das Russische Strauchbasilikum, kann man über Stecklinge vermehren und überwintern. Schneide vor dem ersten Frost einige Triebe ab und lasse sie in einem Wasserglas Wurzeln ziehen. Dann topfst du sie ein und überwinterst die Pflänzchen auf einer hellen Fensterbank.

GRILL FEST

Grillen ist nicht gleich grillen und Fleisch nicht gleich Fleisch. Das richtige Zubereiten ist nämlich mindestens ebenso entscheidend für den Geschmack wie die Qualität des Fleisches. Du kaufst eh nur Bio-Fleisch vom Metzger? Top! Nur noch die richtigen Kräuter aus deinem Hochbeet auswählen und deine Gäste werden sich vor Begeisterung nicht mehr auf ihren Gartenstühlen halten können. Doch welches Gewürz passt eigentlich zu welchem Fleisch?

Zu dunklem Fleisch (Rind, Lamm, Wild) passt gut:
Schwarzer Pfeffer, Rosmarin, Thymian, Lorbeer, Majoran, Petersilie, Knoblauch, Koriander, Wacholder, kräftige Rotweine

Zu hellem Fleisch (Schwein, Kalb, Geflügel) ist ein Genuss:
Weißer Pfeffer, Thymian, Salbei, Majoran, Petersilie, Kerbel, Schnittlauch, Dill, Lavendel.

Für die passende Marinade ist es immer gut, ein Grundrezept parat zu haben. Das kannst du, je nachdem welches Fleisch gegrillt werden soll, mit den passenden frischen Kräutern aus deinem Beet ergänzen. So bist du immer vorbereitet – komme was wolle!

DAS BRAUCHST DU FÜR DEIN MARINADE-GRUNDREZEPT:

- *1 GEHÄUFTER TL SENF MITTELSCHARF*
- *4 EL TROCKENER WEISSWEIN*
- *1 KNOBLAUCHZEHE*
- *1 PRISE SALZ*
- *1 PRISE ZUCKER*
- *FRISCH GEMAHLENER PFEFFER (SCHWARZ ODER WEISS)*
- *1 EL OLIVENÖL*
- *1 EL NEUTRALES PFLANZENÖL WIE Z. B. SONNENBLUMENÖL ODER RAPSÖL*

Und so bereitest du das Rezept zu:

1. Klein gehackten Knoblauch in eine kleine Schüssel geben
2. Wein über den Knoblauch geben
3. Salz und Zucker dazu streuen
4. Pfeffer frisch in die Schüssel mahlen
5. Mit Olivenöl und Pflanzenöl auffüllen
6. Senf unterrühren

Tipp von den Stadtgärtnern:
Hot, hotter, Chili! Wer es feurig mag, kann der Marinade für die scharfe Note noch etwas Chili zufügen!

Das wichtigste zum Schluss: Ernte nun frische Kräuter aus deinem Beet, hacke sie klein und gib sie zu der Marinade. Beschränk dich dabei auf max. 2 Kräuter. So stellst du sicher, dass das einzelne Kraut geschmacklich auch wirkt und du gleichzeitig den Fleischgeschmack nicht mit den Kräuteraromen übertünchst.

Die Fleischstücke nun auf einen Teller oder ein Blech legen und auf beiden Seiten mit Marinade bestreichen. Dünne Fleischstücke solltest du nur einseitig mit Marinade würzen und mit der ungewürzten Seite nach unten auf den Grill legen.

Das i-Tüpfelchen des guten Geschmacks: Eine Garnitur aus frischen Kräutern auf dem bereits gegrillten Fleisch. Das sieht nicht nur lecker aus, sondern gibt dem Ganzen auch eine natürlich frische Note!

DIE VEGGIE-VARIANTE:

Zu vegetarischem Grillgut sind frische Kräuter ein Gedicht! Einfach die Zucchini der Länge nach in Scheiben schneiden und diese ebenfalls mit Kräutermarinade bestreichen. Welche Kräuter du dafür nimmst, ist ganz dir überlassen. Denn hier passt eigentlich alles.

Tipp von den Stadtgärtnern:
Alle Mäuler sind gestopft, aber die Kohle glüht noch? Wirf Thymian- oder Rosmarinzweige in den Grill. Der Duft wird sich angenehm im Garten ausbreiten und dich und deine Gäste begeistern! Wer weiß, vielleicht kriegt der ein oder andere sogar wieder Hunger?

NASCH BEET

Kleiner Snack gefällig? Oder lieber ein großer Naschteller für alle zusammen? Dann greif zu. Denn in diesem Beet darf jederzeit genascht werden – und zwar so oft und so viel du magst. Ob saftige Erdbeeren, knackige Karotten, vitaminreiche Blaubeeren, süße Himbeeren oder zarte Zuckererbsen, dieses Beet soll einfach nur Spaß machen! Für den kleinen Hunger zwischendurch findet sich in diesem Beet jederzeit eine leckere Kostbarkeit. Und wer von allem etwas nimmt, kann sich aus der vielfältigen Ernte des Naschbeets einen zauberhaften, bunten Naschteller zusammenstellen. Perfekt für den nächsten Mädelsabend auf der Couch oder im Garten!

ÜBERSICHT Pflanzen

PFLANZE	SONNE	WASSERBEDARF	NÄHRSTOFFBEDARF
ZUCKERERBSEN/ KAISERSCHOTEN	viel (3)	viel (3)	mittel (2)
ERDBEEREN	viel (3)	viel (3)	mittel (2)
ERDBEEREN, KLETTERND	viel (3)	viel (3)	stark (3)
HIMBEEREN	mittel (2)	viel (3)	mittel (2)
KAROTTEN/ MÖHREN	viel (3)	viel (3)	stark (3)
JOHANNISBEEREN	mittel (2)	viel (3)	stark (3)
BLAUBEEREN	mittel (2)	viel (3)	schwach (1)
BROMBEEREN	mittel (2)	mittel (2)	stark (3)

Sonne: viel ○○○ · mittel ○○ · wenig ○

Wasserbedarf: viel (3 Tropfen) · mittel (2 Tropfen) · wenig (1 Tropfen)

Nährstoffbedarf: stark (3) · mittel (2) · schwach (1)

Naschbeet

ÜBERSICHT Kulturen

PFLANZE	KULTUR	MONAT
ZUCKERERBSEN	DIREKTSAAT	ENDE MÄRZ/ ANFANG APRIL
ERDBEEREN	FROSTPFLANZEN INS BEET SETZEN	ENDE APRIL
HIMBEEREN	JUNGPFLANZE INS BEET SETZEN	ENDE APRIL, BESSER: IM HERBST DES VORJAHRS
KAROTTEN	DIREKTSAAT	MITTE MÄRZ
JOHANNISBEEREN	JUNGPFLANZE INS BEET SETZEN	ENDE APRIL, BESSER: IM HERBST DES VORJAHRS
BLAUBEEREN	JUNGPFLANZE INS BEET SETZEN	ENDE APRIL, BESSER: IM HERBST DES VORJAHRS
BROMBEEREN	JUNGPFLANZE INS BEET SETZEN	ENDE APRIL, BESSER: IM HERBST DES VORJAHRS

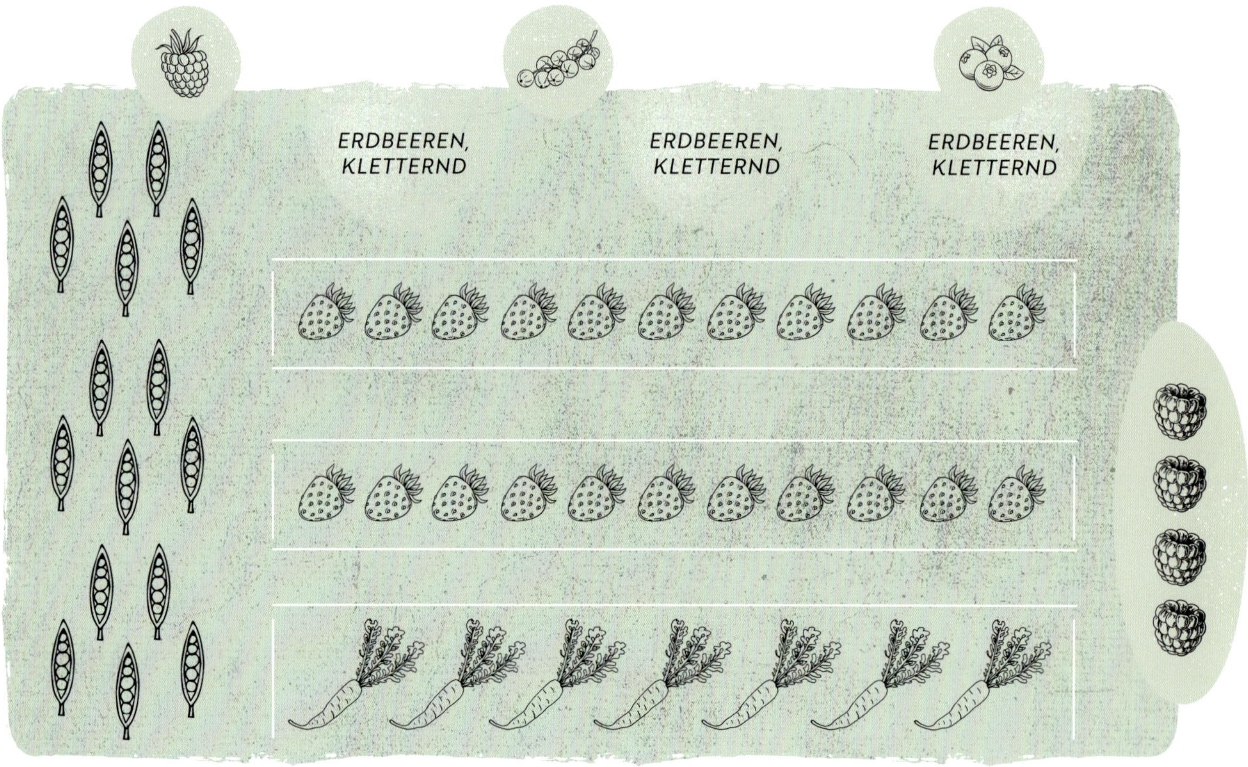

Für mehr
Grün im
Grau

ANFANG MÄRZ

Let's go! Schon früh wird die Gartensaison dieses Jahr eröffnet! Zwar dauert es noch ein paar Wochen bis zur Aussaat der ersten Pflanzen, aber es ist jetzt schon Zeit für die richtige Vorbereitung deines Hochbeetes.

„Graben und hacken macht rote Backen!"

Und genau das solltest du jetzt tun. Schnapp dir eine Harke und bearbeite die obere Schicht Erde in deinem Hochbeet noch einmal kräftig. Dein Boden wird so richtig schön locker. Dabei kannst du ruhig „in die Tiefe gehen". Deine Pflanzen fühlen sich in einem feinkrümelig vorbereiteten Boden am wohlsten und können dort leicht Wurzeln schlagen. Auch Staunässe beugst du mit deinem Arbeitseinsatz vor, denn das Wasser kann in einem lockeren Boden gut ablaufen. Besser geht's also kaum!

Obwohl: Um dir den „Supergärtner"-Orden zu verdienen, solltest du jetzt auch noch den Boden düngen. Arbeite voll zersetzten Kompost oder Hornmehl unter die Erde. Auch Holzasche mögen die Pflanzen. Sie kann aber Schwermetalle enthalten und sollte deshalb besser nur im Ziergarten verwendet werden. Gar keinen Dünger brauchst du dort, wo später die Zuckerschoten wachsen, einarbeiten: Sie fixieren Stickstoff aus der Luft und sollten deshalb gar nicht zusätzlich versorgt werden.

Erledigt? Genial! Du hast dein Beet perfekt vorbereitet und bist nun bereit für die Gartensaison.

MITTE MÄRZ

Es wird Zeit, die ersten Gäste in deinem Naschbeet zu begrüßen: die **Möhren**. Wer jetzt stutzt: Es gibt regionale Unterschiede beim Namen des beliebten Gemüses. Die mathematische Gleichung lautet: Möhren = Gelbe Rüben = Karotten = Rübli = Wurzel = Wuttel.

Möhren kannst du zum einen für die Sommer- und nochmal einige Monate später für die Herbsternte in Reihen direkt in dein Beet säen. Wichtig ist: nicht zu eng säen! Möhren brauchen Platz, damit sich die saftigen, knackigen Rüben überhaupt ausbilden können. Stehen deine Möhren zu eng, verkümmern die Rüben und bleiben klein und schrumpelig. Außerdem begünstigt zu enges Wachstum den Befall mit der Möhrenfliege. Und die willst du dir lieber vom Leib halten! Nach etwa 20 Tagen keimen die Möhren.

AB ENDE MÄRZ/ANFANG APRIL

Hier ist was los! Ebenfalls im Monat März oder, je nach Temperatur, Anfang April geht es weiter mit der Aussaat der **Zuckerschoten**. Bei einer Temperatur von über 8 °C kannst du die Zuckerschoten säen – und zwar direkt ins Beet. Es ist keine Vorkultur erforderlich!

Kleiner Tipp:
Um der Keimung etwas auf die Sprünge zu helfen, kannst du die Samen für einen Tag in einem Glas Wasser vorquellen lassen.

Suche dir für die Saat die kurze Seite im Beet aus, die der Sonne abgewandt ist. Weil Zuckerschoten recht üppig und hoch wachsen, besteht sonst Gefahr, dass sie den anderen Pflanzen wie zum Beispiel deinen Karotten oder Erdbeeren die Sonne nehmen. Säe kreisförmig! Jeder „Erbsenkreis" sollten einen Durchmesser von etwa 25 Zentimetern haben und aus etwa 5 Erbsensamen bestehen. Stecke in die Kreismitte je ein Ast mit ausladenden Zweigen in die Erde. Zuckerschoten sind Kletterpflanzen und benötigen deshalb eine Rankhilfe wie diese. An den Zweigen finden die Ranken Halt und können so nach oben klettern.

Zuckerschoten können übrigens ab jetzt fortlaufend bis Juli gesät werden. Die Kulturdauer von 3–4 Monaten sichert dir auch gegen Ende der Saison noch leckere Zuckerschoten zum gelegentlichen Naschen.

MITTE APRIL

„Tu mal lieber die Möhrchen!"

Nun zeigt sich deine Zurückhaltung. Hast du es beim Säen doch etwas zu gut gemeint und deine Möhrchen wachsen nun zu eng, hast du jetzt die Gelegenheit, die Reihe etwas auszudünnen. Die Pflanzen sollten nach dem Ausdünnen rund 3 cm Abstand voneinander haben.

Torges Tipp

Am besten abends ausdünnen! Der Geruch der frisch gerupften Möhrchen ist sehr intensiv und zieht die Möhrenfliege an!

ENDE APRIL

Na, machen die Zuckerschoten eine gute Figur im Beet? Wenn die Pflanzen eine Wuchshöhe von etwa 10 cm erreicht haben, solltest du sie anhäufeln. Das heißt, du häufst um den Haupttrieb herum etwas Erde an und verhilfst den Pflanzen so zu einem festen Stand!

Auch die Erdbeeren kommen nun ins Spiel.

Erdbeeren sind zwar Verfechter von lockeren Gartenböden, gerade erst frisch umgegraben sollte er aber nicht sein. So entpuppt es sich als ideale Voraussetzung für das Setzen der Erdbeeren, dass du deinen Boden bereits Mitte März umgegraben hast. Er hatte nun genug Zeit, sich zu legen. Eigentlich pflanzt man Erdbeeren bereits im Juli und August, um sich eine hohe Ernte im Folgejahr zu sichern. Wer aber wie du ein neues Hochbeet angelegt hat, der darf ein wenig schummeln.

Ausflug gefällig? Wir schicken dich nun auf eine kurze Reise in den Pflanzenfachhandel deines Vertrauens. Dort kannst du dir deine Erdbeerpflänzchen aussuchen und ebenso nach Beerensträuchern Ausschau halten. Beim Kauf der Erdbeeren solltest du darauf achten, sogenannte Frostpflanzen zu wählen, da diese auch im ersten Jahr schon einen hohen Ertrag erzielen.

Aber was sind eigentlich Frostpflanzen?

Frostpflanzen sind nicht mehr ganz grün hinter den Ohren, sondern bereits ein Jahr alt. Sie wurden im vergangenen Herbst ausgegraben und zum Überwintern in einem Kühlhaus gelagert. Das Praktische ist: Du musst sie nicht alle zur gleichen Zeit ins Beet setzen. Im Kühlschrank aufbewahrt, halten sie sich einige Wochen, sodass du die Pflanzzeit und somit auch die Erntezeit variieren und sogar in die Länge ziehen kannst. Bedenke: 10–12 Wochen braucht die Erdbeerpflanze vom Einpflanzen bis zur Ernte.

Lange Rede, kurzer Sinn:

Ab jetzt kannst du bis in den Juni hinein die Erdbeeren bei dir ins Beet setzen. Verschiedene Sorten bringen eine bunte Mischung auf deinem Naschteller. Um den Platz optimal auszunutzen, sind auch kletternde Erdbeerpflanzen empfehlenswert. Lass dich beraten!

Zwischen den Pflanzen solltest du einen Abstand von ca. 30 cm einhalten. Sobald sich die ersten Früchte bilden, freuen sich die Erdbeeren, wenn du um sie herum Stroh auslegst. Warum du das tun solltest? Oh, das gibt es gleich mehrere gute Gründe! Pass auf:

Grund 1: Durch das Auslegen von Stroh müssen die feinen, roten Erdbeeren nicht auf dem sandigen Erdboden liegen und bleiben immer hübsch sauber. Das Waschen der Früchte vor dem Verzehr fällt dadurch weg – so bleibt das volle Aroma erhalten!

Grund 2: Nach dem Regen oder Gießen trocknen die Früchte besser und schneller ab; Pilzbefall hat keine Chance!

Grund 3: Feuchtigkeit wird durch das Stroh länger in der Erde gespeichert und die Pflanzen können länger davon zehren. Vor allem in der Reifezeit haben die Pflanzen einen hohen Wasserbedarf!

Grund 4: Stroh kann nach der Erntezeit einfach „recycelt" werden, indem du es in den Boden einarbeitest. Das ist super, denn so kann der Boden Wasser besser speichern und wird gleichzeitig luftiger und lockerer. Die perfekte Vorbereitung also für die kommende Saison!

Aber springen wir einen Schritt zurück:

Jeder fängt mal klein an: So auch deine Beerensträucher. **Himbeeren**, **Brombeeren**, **Johannisbeeren** und **Blaubeeren** dürfen in deinem Naschbeet nicht fehlen, die ideale Pflanzzeit für die Beerensträucher ist allerdings eigentlich der Herbst. Damit du dieses Jahr nicht auf das fruchtige Naschobst verzichten musst, kaufst du also auch hier die Pflanzen ausnahmsweise im Frühling.

Um die passenden Sorten der Beerensträucher für deine Region auszusuchen, ist eine gute Gärtnerei oder Baumschule der richtige Ort. Dort findest du verschiedene Sorten von Himbeeren, Blaubeeren, Brombeeren und Johannisbeeren. Lass dich aber nicht von ihrer noch überschaubaren Größe täuschen. Die Sträucher sind mehrjährig und werden bei richtiger Pflege und ordentlichem Beschnitt jährlich üppiger und ausladender.

Deshalb vorweg eine wichtige Info: Beerensträucher eignen sich nicht für das direkte Einsetzen in dein Hochbeet. Dafür ist die Fläche einfach zu klein und sie würden sich gegenseitig im Weg stehen. Es gibt aber zwei andere Möglichkeiten, wie du Beerensträucher kultivieren kannst. Entweder direkt in die Erde neben deinem Beet oder in Kübeln. Diese kannst du direkt neben dein Beet stellen, am besten an die Sonnenseite. Himbeeren solltest du immer ein wenig stützen, zum Beispiel an Drähten, die du zwischen Pfosten spannst. Auch Brombeeren lassen sich säulenförmig aufbinden, damit sie an den Seiten eher wenig Platz brauchen. Lass dich beraten, dann wirst du sicher die passenden Pflanzen aus deiner Region finden!

Und: Sei gönnerhaft zu dir selbst: Suche dir ruhig üppige Pflanzen aus, die dir auch in diesem Jahr schon eine reiche Ernte versprechen. Was willst du sonst in dein Schokoladenfondue tauchen?

Hast du passende Pflanzen ausgewählt, kannst du diese Zuhause gleich einsetzen. Egal wo sie in die Erde kommen: Es ist wichtig, sie gleich darauf großzügig zu gießen! Eine Schicht Rindenmulch um die Sträucher hält die Feuchtigkeit in der Erde und schützt vor Unkraut in unmittelbarer Nähe.

ANFANG MAI

Das Naschbeet bringt dir einen spannenden Monat Mai – denn anders als bei vielen anderen Pflanzen, die erst nach den Eisheiligen nach draußen dürfen, ist in deinem Beet schon richtig was los. Du kannst das Wachsen und Gedeihen der Möhren, Zuckerschoten und Erdbeeren beobachten und dich schon gewaltig auf die nächsten Monate freuen, wenn die Ernte bevorsteht. Bei den Erdbeeren solltest du jetzt darauf achten, dass du zu lange Ausläufer entfernst. Darauf solltest du übrigens die ganze Saison über achten. Eine Ausnahme sind die kletternden Erdbeeren, die übrigens gar nicht klettern können, sondern nur sehr lange Triebe bilden. Diese solltest du natürlich nicht entfernen, sondern an eine Kletterhilfe binden. Allgemein ist wichtig, dass du dein Beet immer unkrautfrei hältst und den Boden um deine Pflanzen herum ab und an mit einer Harke etwas auflockerst. Natürlich ist regelmäßiges Gießen ebenfalls ein absolutes Muss beim Anbau eigener Ernte!

MITTE JUNI

Es ist immer wieder eine wahre Freude, wenn du ernten kannst. Mit eigenen Händen gesät, mit viel Liebe gepflegt und nun darf endlich das Ergebnis bewundert oder vielmehr probiert werden. Die Möhren deiner frühen Aussaat im März sind nun pflückreif! An ihren buschigen Köpfen kannst du die orangefarbenen Rüben aus der Erde ziehen. Kurz mit einer Gemüsebürste abgeputzt und dann ab in den Mund damit! Einfach köstlich!

ENDE JUNI

Mhhhhhh, so lecker! Deine ersten **Zuckerschoten** sind nun, etwa 3–4 Monate nach der Aussaat, reif. Das erkennst du daran, dass sich die Erbsen leicht in der Schote abzeichnen und diese noch saftig und knackig ist. Jeden Morgen kannst du zu deinem Beet gehen und dir ein paar Zuckerschoten für den Tag ernten. Fast wie bei Oma früher, oder? Unweigerlich kommen dort Kindheitserinnerungen hoch … Herrlich!

So sammelst du Samen fürs nächste Jahr:

Im Garten muss man auch Opfer bringen, doch dieses wird besonders hart. Um Samen fürs nächste Jahr zu sichern, musst du einige Schoten von der Ernte verschonen und hängen lassen! Richtig gehört: Du darfst sie nicht essen! Mit der Zeit werden sie runzlig und braun und trocknen aus. Wenn du sie dann abpflückst, die Erbsen aus den Schoten löst und trocken lagerst, sicherst du dir richtig gute Samen fürs nächste Jahr!

Können Zuckerschoten eingemacht werden?

Nein! Und warum auch? Die knackigen Schoten schmecken am allerbesten direkt vom Strauch in den Mund. Übrigens sind sie nicht nur für dich gesund, sondern auch für dein Beet. Denn der Anbau von Zuckerschoten wirkt sich sehr positiv auf den Boden in deinem Hochbeet aus, weil die Pflanze ihn mit Stickstoff anreichert. Deshalb: Entferne die Pflanzen nicht komplett aus der Erde, sobald die Ernte vorbei ist. Schneide sie lieber direkt über dem Boden ab. Die Wurzeln geben nämlich immer noch reichlich Stickstoff an den Boden ab!

ENDE JUNI/ANFANG JULI

Für den Winter vorsorgen – das klingt irgendwie absurd, wenn man es mitten im Hochsommer tun soll. Denn an die kalte Jahreszeit ist bei heißen Temperaturen und Sonne satt doch gar nicht zu denken. Sinnvoll wäre es aber! Denn wenn du jetzt noch einmal Möhren säst, kannst du am Ende der Gartensaison Anfang November die Ernte einfahren. Entferne vorher das Unkraut und harke die Erde noch einmal ordentlich durch! Und dann ab ins Beet mit den Samen!

ENDE JULI

So schmeckt der Sommer!

Es sind die schönsten Monate für alle Hobbygärtner. Der Sommer verspricht leckere, süße Früchte, wohin das Auge reicht.

Doch welche Beeren sind eigentlich wann erntereif?

Erdbeeren

Wie wunderschöne rote Farbtupfer leuchten deine Erdbeeren im Beet. Die ersten Früchte sind im Juni/ Anfang Juli reif und versprechen einen einmalig süßen Genuss.

Da Erdbeeren nicht nachreifen, solltest du wirklich nur die ganz roten Erdbeeren zum Naschen aus dem Beet pflücken. Ist doch eh besser: So kannst du dich jeden Tag aufs Neue freuen, wenn du wieder eine Erdbeere im satten Rot in deinem Beet entdeckst!

Jans Tipp

Erdbeeren bilden das ganze Jahr über immer wieder Ausläufer. So will sich die Pflanze vermehren. Damit die Erdbeeren mit ihren Ausläufern nicht allen anderen Pflanzen in deinem Beet den Platz rauben und die Pflanze ihre Kraft auch in die Früchte steckt, solltest du die Ausläufer regelmäßig entfernen. Manchmal übersieht man einen und siehe da, schon hat die Erdbeere auch dort Wurzeln gebildet. Wenn du willst, kannst du den Ausläufer fürs nächste Jahr in einen Kübel pflanzen und so eine neue Erdbeerpflanze kultivieren.

Johannisbeeren

Die Erntezeit der Johannisbeeren kann man sich leicht merken. Benannt wurden die Beeren nämlich nach dem Johannistag, der am 24. Juni ist. Allerdings zählt dieser Zeitpunkt als erster Erntetag und bezieht sich auf die ganz frühen Sorten. Trotzdem: Ab Ende Juni lohnt sich jeden Tag ein kurzer Blick an den Johannisbeerstrauch. Ob rote, weiße oder schwarze Beeren – die schmackhaften, kleinen Perlen sind reif, sobald sie eine satte Farbe entwickelt haben.

Himbeeren/Brombeeren

Der Erntezeitraum von Himbeeren und Brombeeren liegt zwischen Juli und Oktober. Allerdings variiert er innerhalb dieser Zeit stark. Der genaue Erntezeitpunkt hängt von mehreren Faktoren wie Sorte, Wetterbedingungen und Standort ab. Wenn du bei den Himbeeren alle Früchte eines Zweiges abgeerntet hast, schneidest du diesen mit einer Gartenschere knapp über dem Boden ab. Auch die abgeernteten Brombeertriebe kannst du zumindest in milden Regionen gleich nach der Ernte über dem Boden kappen. Wenn bei dir die Winter rauer sind, solltest du mit dem Schnitt der Brombeeren bis zum Frühjahr warten.

Heidelbeeren/Blaubeeren

Blaubeeren sind zwischen Juli und September erntereif. Der Zeitpunkt variiert je nach Sorte und Standort. Es lohnt sich ab Juli alle 1–2 Tage einen Blick auf den Strauch zu werfen, denn nur die wirklich dunkelblauen Beeren schmecken richtig gut! So gibt's jeden Tag ein paar neue Beeren zum Naschen!

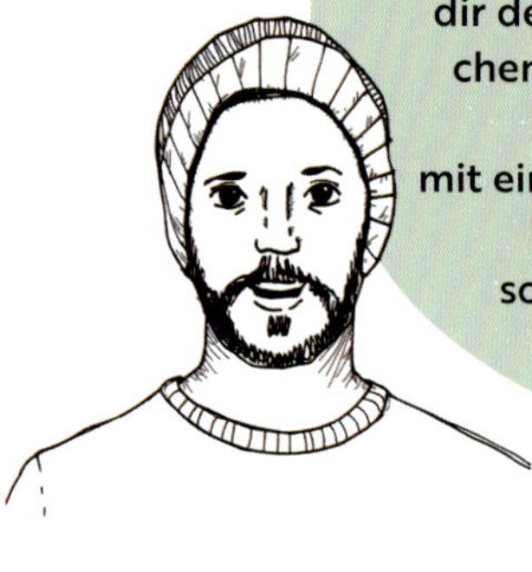

Derks Tipp

Falls hungrige Vögel dir deine Ernte streitig machen wollen, hilft es, den Strauch im Juni mit einem Netz abzudecken. Die (Lor-)Beeren sollst schließlich du einfahren!

NOVEMBER

Ist es denn wirklich schon soweit? Leider ja! Die Temperaturen sinken wieder und machen unmissverständlich klar: Der Winter kommt.

Aber zunächst noch einmal zu den schönen Dingen im Leben: Deine **Möhren** von der Sommersaat sollten nun erntereif sein. Natürlich gibt es auch mehrere Methoden, Möhren einzulagern, wir finden aber: Das Naschbeet ist zum Naschen da! Also, viel Spaß beim Snacken!

Deine **Zuckerschoten** hast du bereits über dem Boden abgeschnitten? Prima! Die Wurzeln können ruhig bis zum nächsten Frühjahr im Beet bleiben. Der Boden freut sich über die kostenlose Zugabe von einer extra Portion Stickstoff.

Erdbeeren sind mehrjährig, sofern du einige Maßnahmen zum Überwintern der Pflanzen ergreifst. Nimm dafür die Gartenschere und entferne braune, kranke und gelbe Blätter, Ausläufer und noch unreife Früchte. Die Herzknospe darfst du allerdings nicht anrühren! Denn mit ihr steht und fällt der wiederkehrende Erfolg im nächsten Frühjahr. Erdbeeren sind frosthart, wenn zweistellige Minusgrade drohen, solltest du die Pflänzchen trotzdem schützen, indem du sie mit Stroh oder Reisig abdeckst. Sobald es wieder wärmer wird, solltest du die Decke wieder entfernen, damit genug Luft an die Erdbeeren kommt.

Deine Beerensträucher sind ebenfalls mehrjährig. Mit einigen kleinen Maßnahmen schaffst du die idealen Bedingungen, damit sie den Winter gut überstehen. **Himbeeren** und **Brombeeren** sollten nach der Ernte wie beschrieben zurückgeschnitten werden; **Blaubeeren** hingegen brauchen den regelmäßigen Rückschnitt erst ab dem fünften Jahr im Beet. Stehen deine Beeren in Kübeln, kannst du sie unter ein Dach stellen. So kontrollierst du die Wassergabe und verhinderst, dass die Sträucher zu viel Regen abbekommen. Für den erholsamen Winterschlaf mögen sie es kühl, aber trotzdem mit einer Decke. Wickel die Kübel deshalb mit Vlies ein. Pralle Sonne mögen sie jetzt nicht so gerne, ein halbschattiger Platz ist ideal.

Deine Pflanzen sind alle versorgt, jetzt steht die Herbstdüngung im Beet an. Kompost ist hier sehr beliebt, vorausgesetzt er ist schon so gut wie verrottet. Fülle den Kompost in dein Beet und arbeite ihn mithilfe einer Harke in die Erde ein. So sorgst du für einen nährstoffreichen Boden in der nächsten Saison. Als letzten Schritt kannst du die Erde mit Laub abdecken und das Beet so in den Winterschlaf schicken.

SCHOKOLADE
MACHT GLÜCKLICH

Hier werden Kindheitserinnerungen wachgerufen. Wie früher bei den Großeltern. Naschen ist immer erlaubt! Wenn der Besuch von Freunden ansteht, schnappst du dir am besten eine schöne Platte und stellst einen riesigen Naschteller mit vielen verschiedenen Leckereien aus deinem Hochbeet zusammen. Da ist für jeden Geschmack etwas dabei: kleine Karotten, Himbeeren, Erdbeeren, Blaubeeren, Brombeeren, Johannisbeeren und knackige Zuckerschoten. Bei den vielen Leckereien kann man sich gar nicht entscheiden, was man zuerst probieren möchte!

„Ich esse Schokolade nur an Tagen, die mit ‚g' enden … und mittwochs!"

Als wäre so ein bunter Naschteller noch nicht genug, kannst du dem Genuss natürlich auch noch die goldene Krone aufsetzen. Überrasch deine Gäste bei der nächsten Party doch mit einem Schokofondue. In fröhlicher Runde werden die frischen Beeren in zart geschmolzene Schokolade getunkt – eine herrliche Geschmacksexplosion! Zusammen naschen, lachen und plaudern – das Schokofondue mit Früchten aus deinem eigenen Beet entpuppt sich ganz sicher auch als Hit beim nächsten Mädelsabend!

Wer sich morgens am Frühstückstisch gerne fruchtige Marmelade aufs Brot schmiert, kann diese ebenfalls ganz einfach aus den selbst geernteten Früchten aus dem eigenen Beet herstellen. Wie wäre es zum Beispiel mit einer streichzarten Erdbeermarmelade? Selbst gepflanzt, gepflegt, geerntet und gekocht – so viel Liebe steckt in der Konfitüre. Und das schmeckt man auch!

ZUTATEN:

- *½ KG FRÜCHTE*
- *250 G GELIERZUCKER (2:1)*
- *½ ZITRONE*
- *MINZE*
- *EINE PRISE LIEBE*

Und so geht's:

Erdbeeren waschen, putzen und in kleine Stücke schneiden. Die Schale der Zitrone abreiben und den Saft auspressen. Erdbeeren, Gelierzucker, Zitronensaft und geraspelte Zitronenschale in einem Topf mischen und eine Stunde ziehen lassen.

Inhalt aufkochen und 3–5 Min. köcheln lassen. Den entstehenden Schaum kannst du mit einer Kelle abschöpfen. Die frische Minze gibt der Konfitüre eine ganz besondere Note! Ist die Gelierprobe bestanden, füllst du die Marmelade in vorbereitete, saubere Gläser und verschließt diese kräftig. Einmal auf den Kopf stellen und auskühlen lassen.

Ähhh, Moment: Wer oder was hat bestanden?
Die Gelierprobe ist ein wichtiger Schritt beim Kochen von Marmelade. So stellst du sicher, dass die Marmelade auch wirklich eindickt. Löffle eine kleine Menge der köchelnden Masse auf einen kleinen Teller und lasse die „Probe" kurz abkühlen. Innerhalb von 1–2 Minuten wird sie idealerweise dickflüssig und bildet eine Haut. Ist dies der Fall, ist die Marmelade fertig.

KLEINER ITALIENER

Bella Italia! Machen wir uns nichts vor: Pasta ist nicht immer gleich Pasta. Aber mit einer Portion erntereifer Tomaten aus dem eigenen Hochbeet und den typisch kräftigen Kräuter-Aromen kannst du der echten italienischen Küche mit diesem Beet geschmacklich ganz, ganz nahe kommen. Die Grundlage für die „Italian Salsa" bilden die saftigen Tomaten, die du mit viel Liebe das Jahr über herangezogen hast. Dann nur noch die passenden Gewürze dazu und schon tragen dich deine Gedanken direkt in die italienische Sonne. Einfach großartig – probier´s mal!
Wir wünschen „Buon appetito!"

ÜBERSICHT Pflanzen

PFLANZE	SONNE	WASSERBEDARF	NÄHRSTOFFBEDARF
KNOBLAUCH	☀ ☀ ◐	💧	▣ ▣
STECK-ZWIEBELN	☀ ☀ ☀	💧	▣ ▣
TOMATEN	☀ ☀ ☀	💧 💧 💧	▣ ▣ ▣
BASILIKUM 'GENOVESE':	☀ ☀ ◐	💧 💧	▣
THYMIAN	☀ ☀ ☀	💧	▣
OREGANO	☀ ☀ ☀	💧 ½💧	▣
ROSMARIN	☀ ☀ ☀	💧	▣

viel ☀ ☀ ☀
mittel ☀ ☀
wenig ☀

viel 💧 💧 💧
mittel 💧 💧
wenig 💧

stark ▣ ▣ ▣
mittel ▣ ▣
schwach ▣

Kleiner Italiener

ÜBERSICHT Kulturen

PFLANZE	KULTUR	MONAT
KNOBLAUCH	DIREKTSAAT	ENDE FEBRUAR
STECKZWIEBELN	DIREKTSAAT	ANFANG APRIL
TOMATE	VORZIEHEN AUF DER FENSTERBANK	MITTE MÄRZ
BASILIKUM	VORZIEHEN AUF DER FENSTERBANK	ANFANG APRIL
THYMIAN	VORZIEHEN AUF DER FENSTERBANK	MITTE MÄRZ
OREGANO	JUNGPFLANZE INS BEET SETZEN	MITTE MAI
ROSMARIN	JUNGPFLANZE INS BEET SETZEN	MITTE MAI

ENDE FEBRUAR

Es gibt ein Sprichwort in der italienischen Küche, das du dir zur Vorbereitung auf dieses Hochbeet und alles, was dazu gehört – Pasta, Pizza, Bruschetta – auf der Stelle hinter die Ohren schreiben solltest: „Chi usa l'aglio non fa mai sbaglio."

Das klingt nicht nur schön, sondern ist auch einfach wahr: „Wer Knoblauch benutzt, macht nie einen Fehler." oder frei übersetzt: „Mit Knoblauch kann man nichts falsch machen."

In diesem Sinne: Starte in die italienische Gartensaison mit dem **Knoblauch**!

Besorge dir einfach eine Knoblauchknolle aus dem Supermarkt und breche diese auseinander. Bevor du sie ins Beet steckst, kannst du die einzelnen Zehen auf Zeitungspapier ausbreiten und bei Zimmertemperatur und in heller Umgebung für einige Tage antreiben lassen. Unbedingt nötig ist das nicht, aber du kannst auf diese Weise testen, ob die Zehen Keime bilden können oder schon eingetrocknet sind.

Die Tage des Wartens eignen sich hervorragend, um die oberen Erdschichten in deinem Beet noch einmal richtig aufzulockern und mit frischem, schon voll zersetztem Kompost zu mischen. Die nährstoffhungrigen Tomaten werden es dir später besonders danken!

Erledigt? Dann kann es ja losgehen: Stecke die einzelnen Knoblauchzehen in einem Abstand von rund 10 cm circa 3 cm tief in die Erde. Am Beetrand fühlt sich der Knoblauch am wohlsten, denn die Knoblauchfliege hat durch den stetigen, leichten Windzug schlechtere Chancen, sich auf die Pflanze zu setzen. Knoblauch ist eher anspruchslos und muss kaum gegossen werden.

MITTE MÄRZ

Es wird spannend! Nun kannst du die **Tomatenpflanzen** auf der Fensterbank vorziehen. Suche dir vorher eine oder mehrere Sorten aus, die du gerne ausprobieren möchtest. Dicke Fleischtomaten eigenen sich hervorragend für das Rezept der italienischen Salsa, was du auf den nächsten Seiten findest. Kleine Snacktomaten sind einfach köstlich und laden zum Naschen ein. Je nach Sorte kann der Zeitpunkt der Vorkultur 1–2 Wochen variieren. Schau also am besten kurz auf die Verpackung des Samentütchens.

Auch die Aussaat des **Thymians** kannst du jetzt vorbereiten. Weiche dazu die Samen, die sehr fein sind, in einem Glas Wasser ein und beschleunige so das Keimen. In 10 bis 14 Tagen sollten sie im Glas richtig in Schwung gekommen sein und können in die Anzuchtschale auf die Fensterbank.

ENDE MÄRZ

Gespannt wie ein kleines Kind fällt dein Blick nun jeden Morgen zuerst auf die Fensterbank und auf einmal ist es tatsächlich soweit. In den Anzuchttöpfen zeigen sich jetzt, 8–12 Tage nach der Aussaat, die ersten Keimlinge. Ist das nicht ein großartiges Gefühl?!

Das Hochbeet füllt sich nach und nach. Wenn die Samen des Thymians gekeimt sind, ist es an der Zeit, sie ins Beet zu pikieren. Thymian braucht nicht viel Wasser, aber für den Start darfst du ihn ruhig ein wenig gießen.

ANFANG APRIL

Na, hast du noch Platz auf der Fensterbank? Neben die Tomaten gesellt sich nun ebenfalls in Anzuchttöpfen das **Basilikum**. Es ist ein absoluter Lichtkeimer, deshalb darfst du die Samen nicht mit Erde bedecken und solltest sie auf eine möglichst sonnige Fensterbank stellen.

Doch damit noch nicht genug mit den Ansprüchen. Basilikum ist ein kleiner Warmduscher und mag kein eiskaltes Wasser aus der Leitung. Fülle am besten deine Gießkanne direkt nach dem Gießen immer schon wieder voll und lass sie einfach auf der Fensterbank stehen. So erwärmt sich das Wasser auf Zimmertemperatur und die kleine Basilikum-Mimose kriegt bei der nächsten Wässerung keinen Kälteschock. Aber: So kompliziert das Basilikum auch klingen mag, neben deinen Tomaten wird es ein wichtiger Nachbar sein. Denn es wehrt gekonnt Krankheiten wie Mehltau und Schädlinge wie die Weiße Fliege ab.

Neben den Knoblauch zieht ein neuer Bewohner in dein Hochbeet ein: Die **Steckzwiebel** kann nun gesetzt werden. Aus Respekt zu den Nachbarn sollte zum Knoblauch zwar ein kleiner Abstand bewahrt werden, die Zwiebeln unter sich kuscheln aber gerne! Du kannst sie also ruhig eng mit rund 10 cm Abstand nebeneinander in die Erde setzen.

Torges Tipp

Steckzwiebeln sind (genau wie Knoblauch) eher wasserscheue Gesellen. Zu viel Feuchtigkeit lässt die Knollen unter der Erde gammeln. Also: Nur wenn der Sommer sehr heiß und trocken ist, musst du regelmäßig gießen, aber immer ganz sachte!

ENDE APRIL

Noch mehr Platz ist wohl nicht auf deiner Fensterbank, sonst musst du dir bald eine Zweitwohnung suchen. Gut, dass es gesunde Jungpflanzen auch zu kaufen gibt! Um dir **Rosmarin** und **Oregano** zu besorgen, die du Mitte Mai in dein Beet setzt, machst du am besten einen Ausflug in eine Gärtnerei. Lass deine Kreditkarte lieber zu Hause, bei den vielen leckeren Gerüchen wirst du dich sonst kaum zügeln können ...

MITTE MAI

Jetzt geht's los! Es ist Mitte Mai und die Eisheiligen sind endlich vorüber! Die Gartensaison ist offiziell eröffnet.

Schaffe dir Platz auf deiner Fensterbank und setze die **Tomatenpflänzchen** in dein Beet. Sie sind zwar jetzt noch klein und zart – aber unterschätze nicht, wie groß die Pflanzen mal werden. Mehr als fünf solltest du also nicht in dein Beet setzen. Von Anfang an kannst du die Tomaten beim Wachstum unterstützen und ihnen eine Rankhilfe zur Seite stellen. Spiralstäbe eignen sich zum Beispiel ganz wunderbar. Stecke sie einfach neben den Pflanzen in die Erde und drehe regelmäßig die Haupttriebe der Pflanzen durch die Windungen.

FUN FACT
Die Italiener nennen ihre Tomaten liebevoll „pomodoro", was so viel heißt wie „Goldapfel."

So gießt du Tomaten richtig:

Tomaten mögen alles und von allem ganz viel! Die Sonnenanbeter haben einen sehr hohen Wasserbedarf, den du mit täglichem Gießen decken solltest. Dabei gibt es eine Faustregel: Nie von oben! Gieße die Pflanzen also immer direkt an der Wurzel und achte darauf, dass kein Wasser auf Blätter und Früchte gerät. Da sich das bei den unteren Blättern kaum vermeiden lässt, ist es sinnvoll, diese zu entfernen, sobald die Pflanze stark genug ist. Das Gleiche gilt übrigens auch für Basilikum. Es braucht zwar nicht ganz so viel Wasser wie deine Tomaten, aber du solltet es auch immer nur direkt an der Wurzel gießen. Die unteren Blätter bleiben beim Basilikum aber an der Pflanze und du erntest es von oben, indem du die Triebspitzen abknipst.

Diese verflixte Braunfäule!
Du hast sicher schon mal von ihr gehört, dieser fiesen Kraut- bzw. Braunfäule. Tatsächlich ist die Anfälligkeit für diese Pilzerkrankung das wohl größte Risiko beim Eigenanbau von Tomaten. Dabei ist das Wetter ganz entscheidend. Vor allem, wenn es viel regnet und die Sonne sich wenig blicken lässt, ist die Gefahr sehr hoch, dass die Tomatenpflanzen von Braunfäule befallen werden und die Ernte mickrig oder sogar ganz und gar ausfällt. Daher ist es auf jeden Fall sinnvoll, die Tomaten, gerade wenn sie noch klein und zart sind, zu überdachen und so vor Regen zu schützen. Denn Braunfäule entsteht, wenn die Blätter und Früchte nass werden.

Für dein Hochbeet eignet sich eine Überdachung Marke Eigenbau (wegen der genauen Abmessungen) oder eine Art Foliengewächshaus bzw. eine Folienbeetabdeckung.

Bei einer Überdachung solltest du stets darauf achten, dass die Tomatenpflanzen trotzdem gut belüftet werden und sich kein Schwitzwasser unter der Folie bildet. Auch sollten die Pflanzen keinen direkten Kontakt mit der Folie haben, da dies Pilzkrankheiten begünstigt. Wenn deine Tomatenpflanzen schon sehr kräftig und groß sind, kannst du die Abdeckung bei gutem Wetter ruhig entfernen!

Sollten sich trotz aller Vorsichtsmaßnahmen die Symptome der Braunfäule an den Tomatenpflanzen zeigen (braune Blätter und braune Flecken auf den Früchten), solltest du die befallenen Pflanzenteile abschneiden. Ist die Tomate komplett befallen, solltest zu radikalen Maßnahmen greifen: Entferne die kranke Pflanze sofort – sie darf nicht mit noch gesunden Tomaten in Berührung kommen und sollte nicht auf dem Kompost entsorgt werden.

Wenn die Tomaten im Beet angekommen sind und sich richtig verwurzelt haben, solltest du sie gut beobachten. Tomaten brauchen nämlich regelmäßige Pflege. Ein wöchentlicher Kontrollgang, um die Pflanzen auszugeizen, ist auf jeden Fall sinnvoll!

Eins noch: Neben dem ganzen Tohuwabohu um die Tomaten nicht das Basilikum vergessen. Schnapp dir zwei Töpfe vielversprechender Jungpflanzen von der Fensterbank und setze sie mit etwas Abstand ins Beet.

ENDE MAI

Erntezeit! Ach, das ist eine wahre Freude nach so viel Arbeit: Die Kräuter haben sich in den letzten Wochen prächtig entwickelt und ab jetzt darfst du dich regelmäßig an ihnen bedienen. Das Beste daran: Ernten macht nicht nur Spaß, sondern du hilfst den Pflanzen auch zugleich beim weiteren Wachstum und sorgst dafür, dass sie gesund bleiben!

Die Triebe des **Thymians** verholzen zum Beispiel schnell. Indem du nicht nur die Blätter, sondern ganze Triebe mit einer Gartenschere auf 2 cm kappst, hältst du die Pflanze jung und frisch und unterstützt sie beim weiteren Wachstum. Das Gleiche gilt für den **Rosmarin**, den du ab sofort auch regelmäßig ernten darfst. Hier die Triebe möglichst nah am Holz der Pflanze mit einer Gartenschere abknipsen.

Wichtig: Ernte die Pflanzen nicht komplett, sondern suche dir immer die besten Triebe und Blätter aus und knipse diese ab. Der perfekte Zeitpunkt für die Ernte ist übrigens die Mittagszeit bei sonnigem, trockenem Wetter.

ANFANG JUNI

Ein bisschen Diva darf schon sein! Die Hoheit mit den roten Früchten möchte nun gerne gedüngt werden. Im Pflanzenfachhandel oder Baumarkt gibt es extra Tomatendünger zu kaufen, zum Beispiel den organischen Gardol Pure Nature Bio-Tomatendünger. Alternativ kannst du auch selbst hergestellten, organischen Dünger wie zum Beispiel Brennesseljauche benutzen. Die Düngung solltest du ab jetzt alle 14 Tage wiederholen.

ANFANG JULI

Dein **Basilikum** ist schon ein richtiger Busch geworden? Super! Dann kann die Ernte ja beginnen. Entgegen aller Gewohnheiten solltest du bei deinem Basilikum nicht nur die Blätter einzeln abrupfen, sondern immer knapp oberhalb eines Blattpaars ganze Stiele abschneiden. So treibt es von selbst weiter aus und wächst immer buschiger.

Wenn der **Oregano** blüht, dann ist er erntereif – und zwar bis in den September hinein. Den Oregano immer samt Blatt und Stiel ernten, so schneidest du ihn gleichermaßen regelmäßig zurück. Keine Bange: Er wächst schnell nach.

Wusstest du schon?

Der Name „Oregano" kommt aus dem Griechischen und heißt so viel wie „Schmuck der Berge". Kein Wunder, mit seinen zarten Blüten hat er sich den Namen auch wirklich verdient!

ENDE JULI

Pflücke dir eine rote, reife **Tomate** aus deinem Beet, schließe die Augen, stecke sie dir in den Mund und genieße den einmalig saftigen Geschmack deiner ersten Tomatenernte!

Die Mühen haben sich gelohnt, oder?

Ab jetzt werden nach und nach deine Tomaten rot und roter. Bis in den Herbst hinein kannst du dich an ihnen erfreuen und sie immer frisch ernten.

Das trifft sich gut, denn auch die ersten **Steckzwiebeln**, die du vor über drei Monaten ins Beet gesetzt hast, sind nun soweit, von dir geerntet zu werden. Schreit förmlich nach Bruschetta, oder?

Der richtigen Zeitpunkt für die Ernte der **Zwiebeln** ist gekommen, wenn das Zwiebelgrün gänzlich vertrocknet ist und sich gelblich färbt. Packe die Zwiebel einfach am (Laub-)Schopf und ziehe sie aus der Erde.

Zwiebeln richtig lagern:

Zwiebeln eignen sich hervorragend zum Lagern. Dafür solltest du sie zunächst vortrocknen. Lege sie direkt nach der Ernte für einige Tage auf den trockenen Gartenboden oder deinen Balkon. Regen wäre jetzt sehr kontraproduktiv, denn die Knollen dürfen auf keinen Fall nass werden. Damit sie von allen Seiten gleichmäßig Sonnenlicht und Wärme abkriegen, wende sie regelmäßig. So machst du die Zwiebeln haltbar! In der Speisekammer oder im Vorratsraum kühl und trocken gelagert, kannst du dich noch wochenlang an der reichen Ernte erfreuen! Aber Vorsicht: Hast du ebenfalls vor, Kartoffeln zu lagern, solltest du diese nicht neben die Zwiebeln legen. Die zwei vertragen sich gar nicht.

AUGUST

Der **Knoblauch** ist bereit zur Ernte. Der perfekte Zeitpunkt zeigt sich, wenn sich das Laub schon braun färbt, aber noch ein Rest Grün vorhanden ist. Dann solltest du auch loslegen. Denn wenn du mit der Ernte zu lange wartest, besteht die Gefahr, dass sich das Laub beim Rausziehen von der Knolle löst und du nicht alle Knollen in der Erde findest. Ein bisschen in der Erde buddeln macht zwar Spaß, aber das ganze Beet möchtest du ja nicht umgraben. Außerdem fallen die Knollen bei einer zu späten Ernte leicht auseinander und lassen sich nicht gut lagern.

So lagerst du Knoblauch richtig:

Halt dich fest! Der würzige Geschmack und das leicht scharfe Aroma des Knoblauchs bildet sich sogar noch intensiver aus, wenn du ihn lagerst. Doch erstmal Vortrocknen. Dazu hängst du den Knoblauch direkt nach der Ernte für einige Tage auf. Entferne dazu einfach die losen Schalen der Knollen, binde die Knollen an den Stielen mit einem Band zusammen und hänge diese dann als Bündel auf.

Aber Vorsicht: Die Umgebung sollte trocken sein. Bei zu hoher Luftfeuchtigkeit könnten die Knollen schimmeln. Nach einigen Tagen ist der Knoblauch ausreichend vorgetrocknet und du kannst ihn einlagern. Dazu eignen sich zum Beispiel Holzkisten, Papiertüten oder auch ein spezieller Zwiebeltopf. Du kannst die Knollen aber auch auf einem Holzregal nebeneinander legen. Hauptsache du verwendest keine Plastiktüten, da kriegt der Knoblauch keine Luft. Knoblauch mag es außerdem dunkel, trocken und kühl.

MITTE SEPTEMBER

Du willst fürs nächste Jahr vorsorgen? Dann setze doch direkt neuen Knoblauch ins Beet und sicher dir so eine noch reichere Ernte in der nächsten Gartensaison. Durch die lange Kulturzeit gewinnen die Knoblauchzehen nämlich nochmal an Größe. Wässern musst du den Knoblauch jetzt gar nicht mehr; der Herbst sollte genug Feuchtigkeit in Form von Regen mit sich bringen.

MITTE OKTOBER

Du machst das Knollenduo wieder perfekt, indem du nun Wintersteckzwiebeln für die nächste Saison in dein Hochbeet setzt. Die Ernte erfolgt dann im Juni nächsten Jahres.

ENDE OKTOBER

Der Herbst kommt, es lässt sich nicht leugnen. So langsam solltest du dein Beet für die kommende, kalte Jahreszeit vorbereiten. Wenn du Ende Oktober noch grüne Tomatenfrüchte an deinen Pflanzen hängen hast, wird es zeitlich eng, dass diese noch rot werden.

Nachreifen ist deshalb das Zauberwort. Sind es viele Früchte, nimmst du am besten die komplette Pflanze samt Wurzel aus dem Beet und hängst diese an einem warmen Ort kopfüber auf. Vereinzelte Tomaten kannst du aber auch in Zeitungspapier einwickeln und sie in die Wohnung legen. Durch die Nachreifung musst du keine Tomatenfrüchte unnötig entsorgen, sondern kannst die leckeren Früchte bis zuletzt voll auskosten! Die abgeernteten Tomatenpflanzen kannst du nun ebenfalls aus dem Beet entfernen!

NOVEMBER

Nun neigt sich eine schöne Gartensaison dem Ende zu. Einige Pflanzen sind mehrjährig, es lohnt sich also Anfang November noch einmal einen letzten „Gartentag" einzulegen und die Pflanzen und das Hochbeet für die kalten Monate vorzubereiten.

Thymian und **Oregano** sind winterhart und frostfest. Sie können auch bei Minusgraden draußen überwintern. Damit sie trotzdem ein wenig geschützt sind, kannst du sie mit Mulch, Reisig oder Stroh abdecken.

Die **Zwiebeln** und der **Knoblauch** bleiben ebenfalls den Winter über draußen. Du kannst sie ebenfalls mit etwas Mulch abdecken. Das ist nicht unbedingt nötig, aber in rauen Lagen eine gute Vorsichtsmaßnahme, die außerdem das Bodenleben aktiviert.

Rosmarin verträgt zwar einige Minusgrade, aber nur, wenn die Pflanze schon größer und robust und der Boden nicht zu feucht ist. Im ersten Jahr solltest du also lieber auf Nummer sicher gehen, sie aus dem Beet nehmen und frostfrei an einem hellen und kühlen Ort überwintern. Wenn du in einer Gegend mit rauen Wintern lebst, solltest du das besser jedes Jahr so machen.

Basilikum ist nicht winterhart und sehr frostempfindlich. Du kannst versuchen, ihn umzutopfen und den Winter über ins Haus zu stellen, allerdings hast du ja schon gemerkt, was für eine Mimose Basilikum ist. Es braucht viel Helligkeit und überlebt die dunkle, kalte Jahreszeit oft nicht. Aber wer weiß – vielleicht siehst du es als letzte Challenge der Saison und probierst es einfach mal aus? Wir drücken die Daumen!

Eins noch: Eine organische Düngung mit Kompost wäre jetzt besonders sinnvoll. So sicherst du dir im nächsten Jahr guten, nährstoffreichen Boden! Den Kompost kannst du trotz noch stehender Pflanzen einfach in den Lücken und drumherum unter die Erde mischen! Bereit für den Winterschlaf? Fast! Decke im letzten Schritt dein Beet noch mit einer Schicht Herbstlaub ab. Das ist nicht nur ein perfekter Pflanzenschutz gegen extreme Witterungsbedingungen, sondern auch für den Nährstoffgehalt in deinem Beet sehr förderlich. Die Abdeckung isoliert und schützt ein wenig und fördert die Aktivität der Bodenlebewesen. Geschafft! Wir wünschen dir einen fantastischen Winter!

Jans Tipp

Leg einen reifen Apfel neben die Tomaten. Der Apfel beschleunigt den Reifeprozess und lässt Tomaten schneller rot werden.

ITALIAN SALSA

Die Tomate steht in Italien ganz hoch im Kurs – zumindest kulinarisch. Sowohl bei einer leckeren Pasta als auch auf Pizza ist selbstgemachte Tomatensoße ein absolutes Muss! Deshalb haben wir hier ein Rezept für dich, mit dem du für beides perfekt gerüstet bist. Denn die Italian Salsa eignet sich für Pasta-Gerichte à la Spaghetti Napoli ebenso gut wie auf leckerem italienischen Pizzateig! Probier es selbst aus und immer daran denken: Mit Knoblauch kann man nichts falsch machen …

DAS BRAUCHST DU:

- REIFE (FLEISCH-) TOMATEN
- ZWIEBELN
- KNOBLAUCH
- SALZ
- ZUCKER
- OLIVENÖL

Nach Belieben:

- ROSMARIN
- THYMIAN
- OREGANO
- BASILIKUM

Tipp von den Stadtgärtnern:
Perfekt für die Italian Salsa sind große, runde Fleischtomaten, da diese einfacher zu schälen sind. Es funktioniert aber auch mit kleinen Snacktomaten – anstatt sie zu schälen, ergibt es Sinn, sie nach dem kurzen Aufkochen zu pürieren. Grobe Hautstücke können nach Bedarf noch entfernt werden.

Und so geht's:

1. Tomaten ernten, waschen und kreuzweise einritzen. Dann kurz in kochendes Wasser legen und anschließend sofort mit kaltem Wasser abschrecken.

2. Die Tomaten lassen sich nun gut schälen! Ebenfalls Kerne und Flüssigkeit entfernen und das Fruchtfleisch in kleine Würfel schneiden.

3. Zwiebeln und Knoblauch sehr fein schneiden und in Öl andünsten, bis sie glasig werden.

4. Tomaten zugeben und auf kleiner Flamme ca. 20 Min. köcheln lassen.

5. Nun kommen die Kräuter ins Spiel: Fein gehackt können diese nun nach Lust und Laune hinzugegeben werden.

6. Mit Zucker und Salz abschmecken.

7. In eine Flasche abfüllen und etwas Olivenöl oben drauf gießen. Die Tomatensoße ist direkt einsatzbereit! Lass es dir schmecken oder besser: Buon appetito! Wenn du die Sauce haltbar machen möchtest, müsstest du die Flaschen im Backofen oder einem Einkochautomaten sterilisieren. Da die Erntemenge bei einem Hochbeet aber nicht so groß ist, würden wir die Soße einfach frisch genießen.

Tipp von den Stadtgärtnern:
Kräuter machen Gerichte erst besonders! Für die richtige Verwendung die frischen Kräuter erst am Ende der Garzeit dazugeben. Getrocknete Kräuter können von Anfang an mitköcheln.

Natürlich können Italiener nicht nur Pizza und Pasta; auch kleine Vorspeisen werden immer gerne genossen. Wir empfehlen dir Bruschetta als deftiges und gleichzeitig leichtes Fingerfood für deine Gartenparty. Alle Zutaten dafür hast du in deinem Hochbeet parat. Aus Erfahrung können wir sagen: Wer bei dem Geschmack von frisch zubereiteter Bruschetta nicht in Partystimmung kommt, muss schon einen kulinarischen Stock im Hintern haben.

SUPER FOOD

Es ist in aller Munde: Superfood. Doch zu Recht schreien Kritiker auf; für den Transport des Superfoods nach Europa wird auch enorm viel Super verbraucht. Ökobilanz also gleich null. Deshalb dachten wir uns: Warum nicht einfach Superfood vor der eigenen Haustür pflanzen? Wir haben uns nach heimischem Superfood umgeschaut und sind fündig geworden. Ob in Form von Unkraut am Wegesrand oder als Gemüse wie Rote Bete. Superfood ist überall und oft zum Greifen nah. Verarbeitet zu Green Smoothies oder wildem Salat erhältst du mit diesem Beet reichlich Vitamine und Nährstoffe. Super food eben!

ÜBERSICHT Pflanzen

PFLANZE	SONNE	WASSERBEDARF	NÄHRSTOFFBEDARF
ROTE BETE	○ ○ ◐	💧 💧 ½💧	▭ ▭
SPITZWEGERICH	○ ○ ◐	💧	▭
BRENNNESSEL	○ ○ ◐	💧 💧 💧	▭ ▭ ▭
LÖWENZAHN	○ ○	💧	▭ ▭ ▭
GUNDERMANN	○	💧	▭
SPINAT	○ ○ ◐	💧 💧 💧	▭
WILDE RAUKE	○ ○ ○	💧 💧	▭

viel ○ ○ ○
mittel ○ ○
wenig ○

viel 💧 💧 💧
mittel 💧 💧
wenig 💧

stark ▭ ▭ ▭
mittel ▭ ▭
schwach ▭

Superfood

ÜBERSICHT Kulturen

PFLANZE	KULTUR	MONAT
ROTE BETE	*DIREKTSAAT*	*MITTE APRIL*
SPITZWEGERICH	*AUS DER NATUR*	*ANFANG MAI*
BRENNNESSEL	*AUS DER NATUR*	*ANFANG MAI*
LÖWENZAHN	*AUS DER NATUR*	*ANFANG MAI*
GUNDERMANN	*AUS DER NATUR*	*ANFANG MAI*
SPINAT	*DIREKTSAAT*	*ANFANG APRIL*
WILDE RAUKE	*DIREKTSAAT*	*ANFANG APRIL*
SMOOTHIE-MIX SOMMER	*DIREKTSAAT*	*ANFANG APRIL*
SMOOTHIE-MIX WINTER	*DIREKTSAAT*	*ANFANG AUGUST*

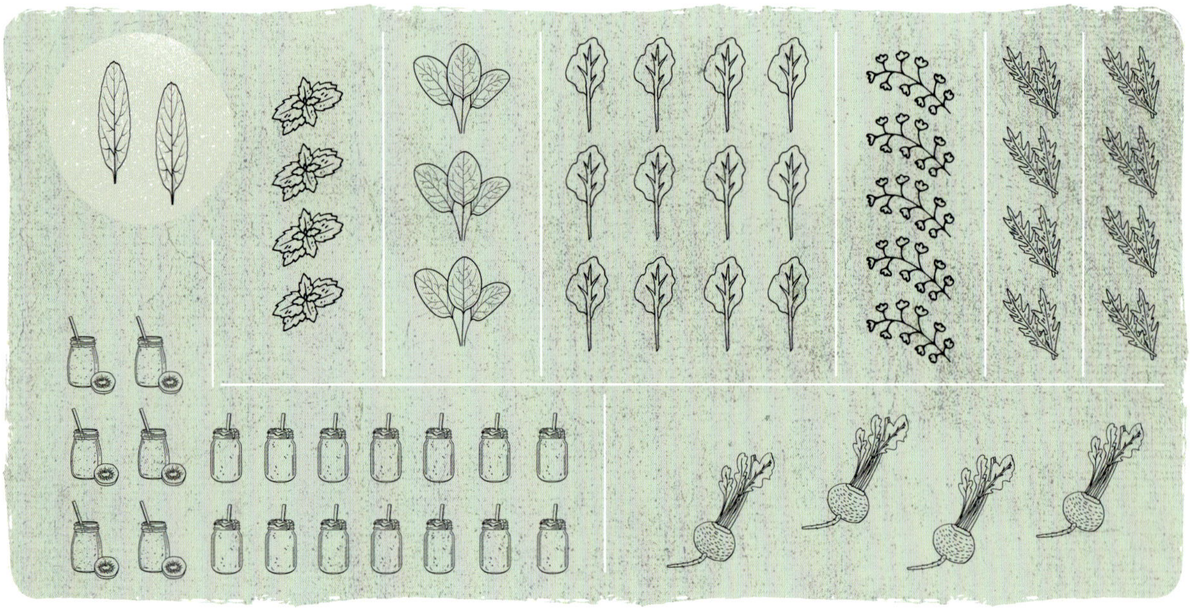

Superfood

ENDE MÄRZ

Traue keinem Garten, in dem kein Unkraut wächst!

Alle Pflanzen in diesem Beet sind quasi Selbstläufer. Das heißt, die Aussaat ist nicht schwer und gelingt fast immer. Unkraut wie Brennnessel und Löwenzahn wachsen quasi von alleine. Trotzdem ist eine ordentliche Beetvorbereitung auch hier hilfreich, allein schon um den Boden langfristig frisch zu halten.

Bevor die Saison also richtig losgeht, solltest du die oberste Erdschicht nochmal mit feinem Kompost anreichern. Die Extraportion Nährstoffe erleichtert den Pflanzen das Wachstum und sichert dir einen reichen Ertrag. Mische den Kompost mit den Händen oder einer Harke unter die Erde. Wenn dir dabei Erdklumpen in die Hände geraten, solltest du diese direkt zerdrücken und auflockern. Das Ergebnis: Du erhältst mit dieser Vorgehensweise einen lockeren Boden mit vielen Nährstoffen als perfekte Grundlage für den Start in die Gartensaison!

ANFANG APRIL

Nun kann es losgehen. Ab sofort kannst du die **Smoothie-Mischung** (siehe S. 96) für den Sommer direkt ins Beet aussäen. Streue die Körnchen am besten in eine Ecke oder am Beetrand auf die sonnenabgewandte Seite. Die Pflanzen können eine Wuchshöhe von bis zu 60 cm erreichen, weshalb du darauf achten solltest, dass sie die anderen Pflanzen nicht beschatten. Die Aussaat der Mischung ist fortlaufend bis Juli möglich.

Den Vorfrühling kannst du ebenfalls nutzen, um den ersten **Spinat** auszusäen. Dies ist nun bis Anfang Mai möglich. Bringt der Frühling noch extreme Kälte mit sich, lohnt sich die Abdeckung des jungen Spinats mit Vlies. Das Tolle ist: Spinat hat eine extrem kurze Kulturdauer von 6–8 Wochen. Das heißt, bereits Mitte Mai ist es Zeit für die erste Ernte!

Gut zu wissen: Spinat mag weder Hitze noch pralle Sonne – beides typisch Sommer. Deshalb solltest du dich beim Anbau von Spinat auf Frühling und Herbst beschränken. Dann ist das Blattgemüse eine sehr dankbare Pflanze in deinem Superfood-Beet.

Neben der Smoothie-Mischung für den Sommer und dem Spinat kannst du auch den **Rucola** schon in deinem Beet aussäen. Die Pflanze erhebt wenig Ansprüche, keimt bei 10–16 °C innerhalb von 10–15 Tagen und bringt dir das ganze Jahr reiche Ernte ein. Als Lückenfüller ist die **Wilde Rauke** stets einsatzbereit und bietet mit seinem nussigen Geschmack eine tolle Grundlage für erfrischende, grüne Smoothies – im Frühling, Sommer, Herbst und Winter!

MITTE APRIL

Es geht nun Schlag auf Schlag im Superfood-Beet. Wenn der Frühling schon mit recht milden Temperaturen um die Ecke kommt, ist die Aussaat der **Roten Bete** ab sofort bis Mitte Juni direkt ins Beet möglich. Auch bei leichtem Frost gibt es keinen Grund zur Sorge, da sind die Roten Rüben nicht so zimperlich. Um auf Nummer sicher zu gehen, kannst du sie bei sehr kalten Nächten mit einem Vlies abdecken. So verhinderst du, dass die Pflanzen bei zu extremer Kälteeinwirkung schießen und nur sehr kleine Knollen entwickeln. Sobald es wärmer wird, heißt es: Wasser marsch. Stetige Feuchtigkeit sorgt für eine rasche Keimung und hilft deiner Roten Bete, zügig die leckeren, roten Knollen zu entwickeln.

FUN-FACT
Das Wort „Bete" hat übrigens nichts mit dem Begriff „Beet" zu tun. Das lateinische Wort „beta" bedeutet „Rübe". Deshalb spricht man bei Rote Bete auch oft von Roten Rüben.

ENDE APRIL/ANFANG MAI

„Wir alle brauchen Grün! Je wilder, je bunter, je vielfältiger, desto schöner!"
Ilse Aigner

Oh, wie herrlich! Der Frühling ist da und bringt Sonnenschein und gute Laune mit sich! Meist erkennt man den Frühling auch daran, dass die Cafés wieder Tische nach draußen stellen, die Menschen mehr lachen und Gartenfreunde sich wieder über ihre Beete beugen und Unkraut zupfen. Stichwort Unkraut: Mit dem Hochbeet „Superfood" ist es ja so eine Sache. Versucht man sonst immer, alles Unkraut aus den Beeten zu entfernen, drehen wir den Spieß dieses Jahr einmal um. Denn du willst Unkraut in deinem Hochbeet kultivieren – unbedingt! Und obwohl sich das anfänglich für dich eventuell etwas komisch anfühlt, wirst du schnell merken, wie schön sich das Unkraut im Beet macht und wie lecker und gesund es im Smoothie schmeckt!

„Unkraut nennt man die Pflanzen, deren Vorzüge noch nicht erkannt worden sind!"
R. E. Emerson

Aus dem Grund schicken wir dich nun auf einen Ausflug. Nutze die ersten Sonnenstrahlen und mache dich auf den Weg zu Waldlichtungen, Wiesen und wilden Rasenflächen in deiner Umgebung. Achte darauf, dass keine großen Hauptstraßen oder konventionell bewirtschaftete Äcker in unmittelbarer Nähe sind. Du willst dir ja keine Pflanzen ins Beet holen, die Abgase oder chemische Pflanzenschutzmittel getankt haben.

Tipp von den Stadtgärtnern:
Ebenfalls ein Hit für ein buntes Hochbeet vollgestopft mit Superfood: Die Samen-Mischung „Grüne Smoothies" von Neudorffs Wildgärtner Genuss. Sie ist vollgepackt bis obenhin mit heimischen Wildkräutern und beinhaltet sowohl einen Smoothie-Sommermix als auch einen Smoothie-Wintermix.

Kleiner Tipp von den Stadtgärtnern:
Die Samen-Mischung „Grüne Smoothies" von Neudorffs Wildgärtner Genuss: Sie enthält heimische Wildkräuter in zwei Varianten – ein Samentütchen für einen Smoothie-Sommermix und eines für einen Smoothie-Wintermix.

Der Smoothie-Sommermix enthält:

- Wilde Rauke
- „Krauser" Basilikum
- Spitzwegerich
- Hirschhornwegerich
- Wiesen-Sauerampfer
- Kleiner Wiesenknopf

Der Smoothie-Wintermix enthält:

- Löffelkraut
- Asiasalat 'Green Giant'
- Asiasalat 'Red Giant'
- 'Rote Wilde Rauke'
- Winterportulak
- Hirschhornwegerich

Torges Tipp

Nach dem Einsetzen der wilden Pflanzen in deinem Beet solltest du diese kräftig wässern. Zwar sind die wilden Pflanzen ansonsten anspruchslos, aber reichliche Wassergaben erleichtern die Anfangszeit enorm und das Umgewöhnen an den neuen Standort fällt ihnen viel leichter.

In der freien Natur findest du alles, was du für dein Hochbeet brauchst: Spitzwegerich, Brennnessel, Löwenzahn und Gundermann sind Wildkräuter und wachsen überall dort, wo man sie lässt. Während Spitzwegerich, Brennnessel und Löwenzahn sehr leicht zu erkennen sind, ist bei Gundermann etwas mehr Vorsicht geboten. Denn hier besteht Verwechslungsgefahr! Die Blätter haben große Ähnlichkeit mit anderen Wildkräutern wie zum Beispiel Knoblauchsrauke, Roter Taubnessel, Kleiner Braunelle und Günsel. Wenn du dir also nicht sicher bist, welche Pflanze du da wirklich gerade vor dir hast, hilft eine Geruchsprobe. Zerreibe dafür einige Blätter zwischen deinen Fingern. Gundermann erkennst du an einem herb-würzigen, leicht scharfen Geruch, der an Minze erinnert.

Genug geredet, raus mit dir! Schnapp dir einen Korb, Gartenhandschuhe und eine Schaufel. Wichtig ist natürlich, dass du die Pflanzen samt ihrer Wurzel aus dem Boden ausgräbst. Nur so können sie in deinem Beet weiterwuch … äh wachsen.

Was genau von den wilden Pflanzen ist eigentlich verwertbar und essbar:

Spitzwegerich
An sich sind alle Teile der Pflanze essbar. Selbst die Wurzel kann theoretisch ohne Bedenken verzehrt werden. Für die Verwertung in Smoothies eignen sich am besten die saftigen, grünen Blätter. Schneide einfach die benötigte Menge mit einer Schere frisch von der Pflanze ab. Die Blätter mit ihrem leicht bitteren Geschmack geben deinem Smoothie einen besonderen Kick. Um die Pflanzen alle auch einmal einzeln zu schmecken, empfehlen wir dir, diese auch mal roh zu probieren!

Nicht nur die Blätter, auch die Knospen des Spitzwegerichs sind ein einmaliges Geschmackserlebnis. Sie haben eine leicht nussige Note und sollten am besten kurz vor der Blüte geerntet werden.

Jans Tipp

Mithilfe eines kleinen Tricks können zumindest einzelne Blätter der Brennnessel auch ohne Gartenhandschuhe geerntet werden. Dazu einfach die Blätter schnell und kraftvoll zwischen zwei Finger nehmen und so abernten. Durch den Druck werden die gemeinen Härchen weggedrückt und können nicht mehr „brennen". Auch wichtig: Die Pflanze immer von oben nach unten ernten! So besteht keine Gefahr, dass man sich beim Abernten an den oberen Blättern „verbrennt".

Brennnessel
Die Blätter der Brennnessel sind äußerst schmackhaft und gut verträglich. Der einzige Haken an dieser wilden Pflanze ist die Ernte, denn die Brennnessel macht ihrem Namen alle Ehre! Unterhalb der Blätter sitzen Härchen, die bei leichter Berührung auf der Haut brennen und unangenehme Quaddeln verursachen. Die Ernte solltest du deshalb am besten mit Gartenhandschuhen vornehmen. Nun liegt die Vermutung nahe, dass die Härchen auch im Mund brennen. Das mag bei frischen Brennnesselsalaten ein berechtigter Gedanke sein, in Smoothies verarbeitet brauchst du dir darüber allerdings keine Sorgen zu machen! Die Härchen werden beim Mixen zerstört und können den Schleimhäuten in deinem Mund nichts mehr anhaben!

Löwenzahn
Löwenzahn ist rundum essbar und sehr schmackhaft! Den ganzen Sommer über sicherst du dir mit diesem Wildkraut eine leckere Zutat für deine grünen Smoothies! Am besten schmecken junge, kleine Blätter, die du direkt aus deinem Beet in den Smoothie-Mixer werfen kannst. Sind die Blätter zu groß, schmecken diese bitter. Deshalb: Regelmäßig ernten und stets nur die kleinen, also jungen Blätter im Smoothie verwerten.

Die Blüte des Löwenzahns ist ebenfalls eine tolle Zugabe zu Smoothies oder als Garnitur ein echter Hingucker im Glas. Der Geschmack der gelben Blüte ist, anders als die Blätter, eher leicht süßlich.

Gundermann
Gundermann lässt sich fast das ganze Jahr über frisch ernten. Schnee und Frost machen ihm nichts aus und selbst in der kalten Jahreszeit treibt er neue Blätter aus. Diese können stets frisch abgepflückt und zusammen mit anderen Wildkräutern, Spinat und Wilder Rauke als Smoothie gemixt werden. Der Geschmack kann von herb-aromatisch bis bitter schwanken, weshalb Gundermann am besten in Kombination mit anderen Kräutern und Pflanzen schmeckt. Die Blüten von Gundermann sind blau-violett und ebenfalls essbar.

MITTE MAI

Juchuuuuh! Kaum gepflanzt und schon ist der erste **Spinat** von deiner Aussaat im Frühling reif für die Ernte. Dies machst du am besten, indem du auch hier einzelne Blätter von der Pflanze abzupfst. Zwar hält sich Spinat im Kühlschrank und eingewickelt in ein nasses Tuch 2–3 Tage, aber frisch schmecken die Blätter eben doch am allerbesten!

Derks Tipp

Nicht nur die Knollen, auch die Blätter der Roten Bete sind essbar und geben eine tolle, weitere Zutat für deinen Smoothie ab.

ENDE MAI

Und? Wie machen sich die wilden Pflanzen in deinem Hochbeet? **Spitzwegerich** sollte nun bereits anfangen zu blühen und auch der **Löwenzahn** zeigt hübsche, gelbe Blüten. Ein schöner Hingucker im sonst eher grünen Beet und eine Freude für Bienen und Hummeln.

MITTE JUNI

Es ist soweit. Deine allererste Ernte steht an! Die Samen-Mischung für den Sommer wächst nun schon in beträchtliche Höhen und kann geerntet werden. Rupfe dafür immer nur die Menge an grünen Wildkräutern ab, die du auch benötigst. Denn die Pflanzen sollten stets frisch verarbeitet werden. Bis in den Oktober hinein hast du so immer eine leckere grüne Smoothie-Grundlage aus dem eigenen Hochbeet zur Hand!

ENDE JULI

Der Hochsommer ist da und bringt dir eine reiche Rote-Bete-Ernte. Die ersten Knollen sollten nun, 3–4 Monate nach der Aussaat, bereit für die Ernte sein. Wenn du dir nicht sicher bist, ob die **Rote Bete** schon soweit ist, können wir dir deine Zweifel nehmen! Es ist immer gut, Rote Bete frühzeitig zu ernten. Richte dich hier ganz nach dem Motto „Klein, aber fein!". Niemals sollten die Knollen größer als ein Tennisball werden. Denn die roten Knollen werden mit zunehmender Größe nicht unbedingt besser. Im Gegenteil: Es zeigt nur, dass sie bereits Wasser eingelagert haben und deshalb nicht mehr so aromatisch schmecken. Fade wäre wirklich schade!

ANFANG AUGUST

Nach der Ernte deiner früh gesäten Roten Rüben ist nun wieder Platz im Beet für neue Schandtaten! Das ist äußerst praktisch, denn die Samen-Mischung für den Winter kann von nun an bis September direkt ins Beet ausgesät werden und wächst hervorragend nach der Roten Rübe. Die Erde solltest du vor der Aussaat auf jeden Fall einmal komplett von Pflanzenresten und Unkraut befreien und mit einer Harke auflockern.

MITTE/ENDE AUGUST

Der Sommer mit seinen heißen, drückenden Tagen und der hochstehenden Sonne ist vorüber und der Herbst kommt langsam, aber sicher um die Ecke. Der perfekte Zeitpunkt ist also wieder erreicht, um **Spinat** für die Herbsternte (ab Anfang Oktober) direkt ins Beet zu säen.

MITTE SEPTEMBER

Ist es denn wirklich schon Winter? Noch nicht ganz! Trotzdem ist die Samen-Mischung mit den Winterkräutern nun zum ersten Mal erntereif und gibt dir in deinen Smoothies einen Hauch von Vorgeschmack auf die kältere Jahreszeit. Schmeckt doch gar nicht so schlecht, oder?

Die Samen-Mischung ist je nach Zeitpunkt der Aussaat ein toller Begleiter über die ganze Winterzeit hinweg. Wenn du im September die freien Flächen im Beet noch ausnutzt, um die Reste der Samen-Mischung ins Beet zu säen, sicherst du dir tolle Winter-Smoothies aus eigener Ernte bis in den April hinein.

Auch **Spinat** kannst du nun für die Winterernte nochmals säen. Ist der Herbst sehr mild, kann die Aussaat noch bis Anfang Oktober vorgenommen werden, später solltest du dich damit aber zurückhalten. Wenn die Temperaturen bereits sehr kalt sind und der Boden zu hart, können die Pflanzen nicht mehr gut einwurzeln und gehen ein.

ENDE OKTOBER

Hole jetzt auch die letzten, noch im Hochbeet übrig gebliebenen, **Roten Rüben** aus der Erde. Rote Bete kann Frost nämlich gar nicht haben und sollte deshalb auf jeden Fall vor dem ersten merklichen Wintereinbruch komplett abgeerntet werden.

NOVEMBER

Es ist traurig, aber wahr: Die Gartensaison neigt sich dem Ende zu, obwohl in deinem Beet auch im Winter noch einiges los ist. Rucola und andere Wildkräuter stehen noch und können auch noch in den Winter hinein geerntet werden. Brennnessel, Löwenzahn, Gundermann und Spitzwegerich kannst du theoretisch ebenfalls stehen lassen, wenn du auch im nächsten Jahr noch Gebrauch von ihnen machen willst. Aber Vorsicht: Ganz nach dem Motto „Unkraut vergeht nicht" wirst auch du schnell feststellen: Wildkräuter wuchern! Du solltest aufpassen, dass sie sich nicht zu sehr ausbreiten. Wir wünschen dir eine tolle Winterpause und immer daran denken: Ordentlich Smoothies trinken, die halten fit und machen dich stark gegen Schnupfen und Winterblues!

SUPERFOOD SMOOTHIE

Was ist eigentlich dieses Superfood?

Superfood ist in aller Munde! Angeblich kann Superfood nämlich mehr als andere Nahrungsmittel: noch mehr Energie schenken, noch gesünder sein. Es soll also ideal für alle sein, die sich etwas Gutes tun wollen, und wer möchte das nicht? Aber was steckt eigentlich dahinter? Was der Begriff Superfood eigentlich genau beinhaltet, ist nicht definiert. Als Superfood bezeichnet werden vor allem Nahrungsmittel und Pflanzen, die eine überdurchschnittlich hohe Konzentration an Nährstoffen und gesundheitsfördernden Inhaltsstoffen enthalten sollen. Deshalb wird Superfood als gesund beworben!

Auch wir sind auf den Zug aufgesprungen – nicht unkritisch. Denn obwohl Avocado, Goji-Beeren und Co. hierzulande unter den Begriff Superfood fallen, finden wir: Man sollte doch lieber beim heimischen Superfood bleiben. Der Aufwand des Imports, die Umweltbelastung und auch der Preis, den du im Laden für solche Lebensmittel zahlst, ist einfach zu hoch! Deshalb unser Tipp: Das Superfood wächst direkt vor der Haustür und nun auch in deinem Hochbeet!

Was macht man aus heimischem Superfood?

Smoothies natürlich! Dem Trend der Power-Getränke kann sich niemand entziehen. Zu Recht, denn Smoothies wirken sich möglicherweise nicht nur positiv auf Gesundheit und Wohlbefinden aus, sondern schmecken mit den frischen Zutaten aus deinem Hochbeet auch richtig gut. Als gesunder Start in den Tag oder zum erfrischenden Auftanken nach einem langen Tag im Garten – ein Smoothie macht wach und munter!

DAS BRAUCHST DU:

- *SMOOTHIE-MIXER*

Als Grundlage aus dem Beet:

- *SPINAT*
- *BRENNNESSEL*
- *LÖWENZAHN*
- *ROTE BETE*
- *SPITZWEGERICH*
- *SMOOTHIE-MIX (SOMMERMISCHUNG)*

Zum Aufpeppen:

- *BANANE*
- *BLAUBEERE*
- *MILCH ODER HAFERMILCH*

Warum du Zutaten zum „Aufpeppen" brauchst? Brauchst du nicht unbedingt! Für gesunde Smoothies hast du alles in deinem Beet parat! Aber wir wissen ja, wie es ist. „Gesund" allein reicht manchmal nicht, deine Smoothies sollen dich auch geschmacklich vom Hocker reißen. Hast du dir die Grundzutaten erst einmal aus deinem Beet gezupft, darfst du deinen Smoothie je nach Lust und Laune noch ein wenig aufpeppen. Füge frische oder getrocknete Früchte und Nüsse hinzu und ergänze das ganze mit Fruchtsaft oder Milch. Zum Süßen eignet sich Agavendicksaft oder Honig.

Probiere doch mal unser Rezept aus oder kreiere dir deinen ganz eigenen Superfood-Smoothie!

Und so geht's:

Kräuter und Gemüse aus dem Beet ernten, waschen und klein schneiden oder rupfen.

1. Banane schälen und Blaubeeren waschen.
2. Alle Zutaten im Mixer für 40–60 Sek. fein pürieren.
3. Mit Milch oder Hafermilch auffüllen und nochmals mixen.

Fertig! Der Smoothie schmeckt frisch zubereitet am allerbesten. Aber auch für den späteren Genuss hält er sich im Kühlschrank 1–2 Tage. Eventuell musst du ihn vor dem Verzehr nochmal kräftig umrühren.

NACH DER SAISON IST VOR DER SAISON

Herzlichen Glückwunsch, du hast deine erste erfolgreiche Gartensaison hinter dir! Die Blumen lassen langsam die Köpfe hängen, das Gemüse ist geerntet und die Tage werden immer kürzer. Traurig, aber wahr: Es fühlt sich alles ein wenig nach Ende an. Doch in Wirklichkeit ist es ganz anders: Selbst wenn die Tage jetzt kurz und kalt werden, muss der Gärtner in dir nicht automatisch in den Winterschlaf fallen. Ganz im Gegenteil! Nach der Saison ist vor der Saison. Oder wie heißt es so schön? Wir verraten dir, was du auch nach der Saison noch tun kannst.

LETZTE ERNTE: LAGERN & VERARBEITEN

Du hast deine letzte Ernte eingefahren und bist traurig, dass du jetzt nichts selbst Angebautes mehr genießen kannst? Das stimmt zum Glück nicht. Denn natürlich gibt es viele Möglichkeiten, die Ernte für den Winter haltbar zu machen. Zwei davon möchten wir dir gerne kurz vorstellen:

KRÄUTER HALTBAR MACHEN

Die wohl gängigste Methode, Kräuter für den Winter haltbar zu machen, ist das Trocknen. Dafür eignen sich zum Beispiel die folgenden Arten: Bohnenkraut, Kamille, Lavendel, Majoran, Oregano, Pfefferminze, Rosmarin, Salbei, Thymian, Waldmeister, Zitronenverbene.

Und so geht's:

1. Ernte die gewünschte Menge an Kräutern aus deinem Hochbeet. Wenn du im Herbst das letzte Mal erntest, dann gerne großzügig.

2. Die Kräuter kannst du mit einer Bürste, einem Tuch oder mit der Hand kurz säubern und so Erdreste entfernen.

3. Binde die Kräuter mit Garn zu kleinen Bündeln zusammen.

4. Hänge die Kräuterbündel an einen warmen, windgeschützten, schattigen Ort kopfüber auf. Die Kräuter dürfen auf keinen Fall nass werden.

5. Nach 3–4 Tagen sind deine Kräuter getrocknet und du kannst die Kräuter zerkleinern und in luftdichte Gefäße wie etwa Marmeladengläser umfüllen.

6. Beschriften, fertig! Auch als Geschenk verpackt sind die Kräuter ein schönes Mitbringsel.

Torges Tipp

Aus deinen bereits getrockneten Kräutern kannst du viele tolle Sachen herstellen: Salze, Öle, Tee, Bäder und vieles mehr. Nett verpackt werden daraus kleine Kostbarkeiten, die sowohl im Adventskalender als auch unterm Baum für Begeisterung sorgen werden. Wart's nur ab!

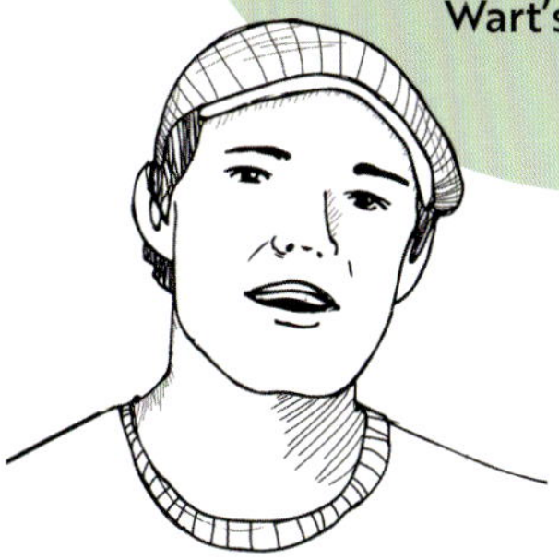

Kräuter wie Basilikum, Dill, Petersilie, Schnittlauch, Ysop oder Zitronenmelisse büßen beim Trocknen sehr viel Aroma ein. Diese kannst du trotzdem konservieren, indem du sie einfrierst. Dafür die Kräuter direkt nach der Ernte zerkleinern und in Tupperdosen, Gefrierbeuteln oder portioniert in Eiswürfelformen einfrieren.

GEMÜSE HALTBAR MACHEN

Machen wir uns nichts vor, ganz viel Gemüse schmeckt frisch am allerbesten. Doch natürlich gibt es auch gute Gründe, sich beim Naschen am Beet zurückzuhalten und das Gemüse für die kältere Jahreszeit zu verarbeiten. Aus Tomaten kann man Pastasauce herstellen, aus Erdbeeren Marmelade und aus Kräutern Sirup kochen. Wer bei Oma zu Hause mal einen Blick in den Vorratsschrank geworfen hat, hat wahrscheinlich genau das entdeckt: selbstgekochte Marmelade, Chutneys und Saucen, aber auch jede Menge eingekochtes Gemüse in hübschen Gläsern.

Diese Form des Konservierens hat eine lange Tradition. Es bietet die Möglichkeit, große Ernten haltbar zu machen und sich einen Vorrat für den Winter anzulegen. Ob Kürbis, Rote Bete, Einlegegurken oder oder oder … Viele Gemüsesorten lassen sich beispielsweise durch „Einwecken" haltbar machen. Beim Erhitzen geht zwar ein Teil der Vitamine verloren, aber dafür kommt die Methode ohne Konservierungsstoffe aus und du brauchst keine große Gefriertruhe zum Lagern.

SAMEN SAMMELN FÜRS NÄCHSTE JAHR

Das ist das Schöne am Gärtnern: Es ist ein Kreislauf, der nie endet. Wenn du damit angefangen hast, wirst du ziemlich schnell feststellen, dass die Gartensaison eben nicht nur am Beet stattfindet und von März bis Oktober geht. Wenn du möchtest, kannst du dich das ganze Jahr über mit dem Gärtnern befassen. Sobald sich der Herbst ankündigt, ist zum Beispiel die Zeit zum Saatgutsammeln gekommen. Das Ernten der Samen gibt dir die Möglichkeit, dein Lieblingsgemüse gleich für das nächstes Jahr zu sichern. Zudem musst du nicht jedes Jahr aufs Neue Saatgut kaufen und sparst dir ein paar Euro. Sinnvoll, praktisch und spaßig! Hast du Lust?

SO ERNTEST DU SAATGUT VON …

… Tomaten:

1. Schneide die Tomate der Länge nach auf und löffle die Kerne raus.
2. Meist hängen die Samen in oder an einer schleimigen Masse fest. Um sie davon zu befreien, lege das Ganze entweder in ein sehr feines Sieb und brause es mit Wasser ab oder fülle es in ein Wasserglas und lasse das Ganze 1–2 Tage ruhen. Die schleimige Masse löst sich ab und du kannst die Samen aus dem Wasser absieben.
3. Breite die Samen nun vorsichtig auf Zeitungs- oder Küchenpapier aus und platziere sie an einem geschützten Ort zum Trocknen.
4. Nach der erfolgreichen Ernte der Samen, diese immer gleich in Saatguttütchen verpacken und unbedingt mit Sorte und Sammeljahr beschriften! Falls du dieses Jahr besondere Pflegehinweise beobachten konntest, schreibe diese doch einfach direkt auf die Tüte.

Nicht nur Tomatensamen lassen sich auf diese Weise gewinnen. Auch bei Gurken funktioniert die Saatguternte ähnlich. Auch hier musst du der Frucht die Samen entnehmen, die glitschige Masse entfernen und die Samen zum Trocknen auslegen. Allerdings sind die Samen von Gurken erst keimfähig, wenn die Frucht schon überreif ist und sich gelb verfärbt hat.

… Mais

Die Saatgutgewinnung vom Mais ist sehr einfach. Die einzige Schwierigkeit besteht darin, nicht alle Kolben zu knabbern, sondern einen ein bisschen länger im Beet reifen zu lassen. Färben sich die Blätter langsam braun, kannst du ihn ernten und zum Trocknen auf deine warme Fensterbank legen. Das war es eigentlich auch schon. Ist der Kolben komplett durchgetrocknet (das kann einige Wochen dauern), kannst du die Samen einzeln abknipsen und in Tütchen oder einer Dose bis zum nächsten Jahr aufbewahren.

Jans Tipp

Wenn du ganz raffiniert bist, kannst du die kleinen Samen auch direkt in einem Abstand von ca. 5 cm auf dem Küchenpapier ausbreiten. Wenn alle Samen trocken sind, faltest du das Papier vorsichtig zusammen und lagerst es kühl und trocken. Im nächsten Jahr breitest du das Papier einfach auf der Erde aus und die Samen können gleich im perfekten Abstand zueinander keimen!

… Zuckerschoten

Auch von Bohnen kannst du kinderleicht einige Samen fürs nächste Jahr sammeln. Die Schwierigkeit ist auch hier, nicht alles sofort zu verputzen. Lass also einige Schoten einfach hängen und warte, bis sie überreif sind. Sind die Schoten schrumpelig, nimmst du sie ab, legst sie zum Trocknen in deine warme Bude und schwuppdiwupp, hast du fürs nächste Jahr Saatgut gerettet. Die Samen kannst du übrigens entweder einzeln oder samt der Schote aufbewahren – das macht keinen Unterschied.

Das Saatgut von Erbsen, Bohnen und anderen Hülsenfrüchten lässt sich übrigens nach genau dem gleichen Prinzip ernten wie bei den Zuckerschoten!

… Pflücksalat

Die beste Eigenschaft des Pflücksalats hast du vielleicht bereits kennengelernt. Über Wochen hinweg kann man ihn ernten, indem man regelmäßig die großen Blätter an den Seiten wegnimmt. So wächst er immer weiter und entwickelt bis zu sechs Wochen lang neue schmackhafte Blätter. Doch irgendwann ist auch die schönste Erntezeit vorbei. Der Salat schießt in die Höhe und macht dir unmissverständlich klar: „Ich bin durch, bei mir ist nichts mehr zu holen." Für dich bedeutet das, den Salat nun noch ein wenig sich selbst zu überlassen. Denn wenn du deinen Salat nun noch etwas stehen lässt, fängt er an zu blühen und entwickelt Samen, die du ernten kannst. Dies machst du, indem du die Blüten abschneidest und zum Trocknen in eine Schüssel legst. Am Boden sammeln sich automatisch die feinen Samen und du kannst diese bequem in kleine Saatguttütchen umfüllen. Die Blüten sind übrigens wunderschön.

Die Saatgutgewinnung von Spinat, Dill und weiteren Kräutern funktioniert ebenfalls nach diesem Prinzip. Einfach warten, bis die Pflanzen blühen und dann ihre Samen ernten.

… Blumen

Eine pauschale Anleitung gibt es für das Ernten von Blumensamen nicht. Denn der Zeitpunkt hat immer auch etwas mit der Sorte, den Wetterbedingungen und dem Standort zu tun. Bei vielen Blumen gilt aber: Sobald die Blüten verwelkt sind und sich die Samenhüllen trocknen und bräunlich färben, sind die Samen reif und bereit zur Ernte. Weil sich die Blumen gerne selbst vermehren würden, tun sie alles, um ihre Samen zu verbreiten. Macht eigentlich nichts. Doch den Vögeln schmecken die Samen auch und manchmal lassen sie kein Körnchen übrig. Also doch lieber Sammeln! Dafür stülpst du am besten rechtzeitig ein paar Tütchen über die welkenden Blüten. So können die Samen direkt dort hinein fallen und du hast dein Saatgut fürs nächste Jahr gesammelt.

BEETE WINTERFEST MACHEN

Du hast eins der fünf Beete nachgegärtnert und freust dich schon auf die nächste Saison? Wenn du nächstes Jahr wieder viel ernten möchtest, solltest du in deinem Hochbeet jetzt noch einmal klar Schiff machen und Vorbereitungen für nächstes Jahr treffen. Denn der Herbst ist die perfekte Jahreszeit, um dein Hochbeet auf die kommende Saison vorzubereiten. Vor allem, wenn du es nach unserer Anleitung gebaut und befüllt hast. Da die unteren Schichten mit der Zeit verrotten, ist der Beetinhalt im Laufe der Saison wahrscheinlich seit dem Frühling schon wieder abgesackt.

Diesen gilt es nun aufzufüllen. Wir zeigen dir Schritt für Schritt, wie du im Herbst die besten Ergebnisse für das Folgejahr erzielst.

Also, Handschuhe anziehen und nochmal ran ans Beet mit dir!

1. „Alles raus, was keine Miete zahlt." Den Spruch kennst du vielleicht. Hier passt er abgewandelt auch: „Alles raus, was nicht mehr geerntet wird." Hast keine mehrjährigen Kräuter oder Salat für den Winter gepflanzt, entfernst du zunächst alles Grüne aus deinem Beet.

2. Dann schnappst du dir einen großen Eimer oder eine Schubkarre und schaufelst die obere, etwa 10–15 cm starke, Erdschicht aus deinem Hochbeet.

3. Für den nächsten Schritt kannst du dir Zeit nehmen: Im Laufe der nächsten Wochen kannst du immer wieder Gartenabfälle oder andere kompostierbare Materialien gemischt mit feinem, schon fast ganz verrottetem Kompost in dein Hochbeet geben. Auch die Erde, die du vorher entfernt hast, kannst du wieder untermischen. Am besten im Wechsel, sodass sich alles gut mischt. Wichtig: Die Abfälle immer schön klein machen vorher, dann setzt der Verrottungsprozess schneller ein.

4. Der erste Frost ist angekündigt? Das ist der perfekte Zeitpunkt, um dein Beet nun ganz abzudecken. Dafür eignet sich Mulch, also eine natürliche Abdeckung aus Laub oder Äste und Zweige von Nadelbäumen. Diese Schicht ist nicht nur ein perfekter Schutz gegen extreme Witterungsbedingungen (falls noch Kräuter oder andere Pflanzen im Beet wachsen), sondern erhöht auch den Nährstoffgehalt in deinem Beet: Ein Teil des Laubs wird bis zum Frühling in wertvollen Humus umgewandelt und außerdem hält die Schicht das Bodenleben aktiv. Alles gut abgedeckt? Dann hast du dein Beet winterfest gemacht!

GRÜNDÜNGUNG

Willst du dem Boden im Hochbeet etwas richtig Gutes tun? Dann gönne ihm doch mal eine Gründüngung. Im Grunde bedeutet das nur, dass du Pflanzen darauf aussäst, die ausschließlich den Zweck haben, den Boden zu verbessern. Dazu bereitest du dein Beet genau wie eben beschrieben für die nächste Saison vor. Nur den letzten Schritt ersetzt du durch die Gründüngung. Anstatt die Oberfläche mit Laub und Tannenzweigen zu bedecken, säst du Gründüngepflanzen aus. Das sind schnell wachsende grüne Pflanzen, die dein Beet innerhalb von wenigen Wochen bedecken. Vor dem Winter kannst du sie abmähen und in die Erde einarbeiten, wo sie sich langsam zersetzen und zu Humus werden.

Was kann Gründüngung noch?

Der Inhalt deines Hochbeets ist dank der Gründüngung zum Winter hin abgedeckt. So bleiben wichtige Nährstoffe im Boden und können nicht entweichen.

Durch die Bepflanzung hat Unkraut keinen Platz, sich in deinem Hochbeet anzusiedeln.

Gründüngung verbessert die Struktur des Bodens: Tiefreichende Wurzeln lockern den Boden auf und sorgen für eine gute Belüftung. So kann Wasser gut abfließen, Sauerstoff zirkulieren und später gesätes Gemüse leichter anwurzeln.

Wenn du Pflanzen säst, die zu den Schmetterlingsblühern gehören (zum Beispiel Kleearten oder Lupinen), wird sogar Stickstoff im Boden gespeichert. Unabhängig davon kannst du alle Pflanzen der Gründüngung, die abgefroren sind, in den Boden einarbeiten, wo sie sich langsam zersetzen und dabei Nährstoffe abgeben. Praktisch, oder?

Theoretisch kannst du Gründüngung von Frühling bis in den Oktober hinein aussäen. In der Landwirtschaft werden die Felder manchmal ein Jahr mit Gründüngung bepflanzt, um den Boden zu regenerieren. Bei einem einzelnen Hochbeet wäre die Aussaat im Frühling eher bedauerlich, da du dieses Beet dann nicht für den Anbau von Gemüse und Kräutern nutzen könntest. Deshalb empfehlen wir dir das Ausbringen später Sorten, also eine Herbst-Gründüngung. Nachdem du alles abgeerntet und das Beet leer geräumt hast, kannst du die Gründüngung direkt im Hochbeet aussäen.

Welche Pflanzen dienen als Gründüngung?

Ölrettich, Sonnenblumen, Spinat und Bienenfreund: sorgen mit ihren tiefreichenden Wurzelsystemen für eine gute Bodenstruktur.

Luzerne, Wicke, Erbsen, Bohnen, Kleearten und Lupinen: reichern darüber hinaus mit ihren an den Wurzeln haftenden Knöllchenbakterien Stickstoff im Boden an.

Tagetes: vertreibt unsichtbare Fadenwürmer (Nematoden).

Zur Aussaat im frühen Herbst eignen sich Alexandrinerklee, Gelbsenf, Spinat und Ölrettich. Such dir einfach eine Art aus und streue die Samen auf dein Hochbeet. In kurzer Zeit wirst du die ersten zarten Keimlinge entdecken. Die Pflanzen werden noch so lange wachsen und den Boden bedecken, bis der Frost kommt. Spinat wird den Winter meist überstehen und du kannst ihn im Frühling abschneiden und genießen.

GESCHENKE FÜR GARTENFANS

Das Jahr neigt sich so langsam dem Ende entgegen. Die Tage sind kurz geworden und bei Minusgraden schmeckt nun wieder der Punsch bestens. Oder wie siehst du das? Hast du eben noch die ersten Keimlinge auf der Fensterbank beobachtet, steht jetzt schon wieder Weihnachten vor der Tür. C-R-A-Z-Y! Doch beim Gedanken an das große Fest kannst du, obwohl du noch kein einziges Geschenk besorgt hast, gelassen bleiben.

SAATGUT ZU SEEDBOMBS ROLLEN

Das ist wohl eine der vielen positiven Nebenwirkungen des Gärtnerns: Man lernt, mit sich und seiner Umwelt im Einklang zu sein. Vielleicht kommt die Lässigkeit aber auch daher, dass wir Gärtner immer etwas in der Hinterhand haben. Selbst gemachte Marmelade, leckere Kostbarkeiten in Einmachgläsern, schmackhaftes Kräutersalz, würziges Kräuteröl und vieles mehr. Und genau an dieser Stelle wollen wir unsere größte Leidenschaft mit dir teilen: Samenbomben sind ein schönes, grünes Weihnachtsgeschenk. Die zeigen der Winterdepression die Rote Karte und machen richtig Lust auf den Frühling! Weil du dieses Jahr gelernt hast, die Dinge selbst in die Hand zu nehmen, könntest du deinen Liebsten doch einfach selbstgerollte Seedbombs schenken. Hier kommt die Anleitung:

Du brauchst:

- 1 Teil Saatgut (am besten selbst geerntet)
- 5 Teile gute Blumenerde
- 3 Teile Tonerde (Lehmpulver unter dem Namen Bentonit erhältlich, alternativ kannst du auch aus Bentonit hergestellte Katzenstreu verwenden)
- 1 Teil Wasser
- 1 Behälter zum Anrühren der Zutaten und eine Unterlage zum Trocknen der Seedbombs
- 1 abwischbare Tischdecke (Spoiler: Das könnte eine ganz schöne Schweinerei werden)

Auf die Plätze, fertig, rollen!

1. Zunächst einmal musst du die Erde in eine Schüssel sieben (es sollte keine Klümpchen mehr geben).
2. Füge dann das Tonpulver hinzu und vermische beides gut mit den Händen.
3. Nun langsam Wasser hinzugeben, bis eine zähe Masse entsteht, die sich gut formen lässt. Ist der Teig zu wässrig? Dann gib einfach noch ein bisschen Erde hinzu, bis die Konsistenz knetbar ist.
4. Jetzt geht's ans Rollen! Damit der Teig nicht austrocknet, solltest du zügig das Saatgut unterheben und den Teig zu kleinen Kugeln rollen. Die Kugeln dürfen nicht größer als eine Walnuss sein, da sie sonst keimen, bevor sie durchgetrocknet sind.
5. Lege die Seedbombs anschließend zum Trocknen auf einer alten Zeitung aus und lasse sie dort 1–2 Tage trocknen.
6. Bei der Verpackung kannst du selbst kreativ werden: Wie wäre es mit kugelrunden „Bonbons" unterm Weihnachtsbaum?

Für mehr Grün
im Grau

DAS KLEINE GARTEN-WIKI

Wenn man so mit dem Gärtnern loslegt, laufen einem anfangs Begriffe über den Weg, die man noch nie gehört hat. Wie immer eigentlich, wenn man ein bisher unbekanntes Terrain betritt. Damit du nicht den Durchblick verlierst, haben wir dir die wichtigsten Begriffe hier noch einmal zusammengestellt und kurz erklärt.

ANHÄUFELN

Anhäufeln ist kinderleicht und lohnt sich. Einfach die Erde um den Haupttrieb herum mit den Händen etwas hochdrücken, sodass ein kleiner Hügel entsteht. Das funktioniert am besten, wenn die Erde leicht feucht ist. Die Pflanze wird so standfester und – noch viel wichtiger – sie kann mehr Seitenwurzeln bilden und dadurch viel mehr Wasser und Nährstoffe aufnehmen. Ein kleiner Handgriff mit einer großen Wirkung also!

AUSGEIZEN

Tomaten verzweigen sich von Natur aus. Wenn man nicht aufpasst, wachsen sie kreuz und quer und ziemlich wild. Immer wieder bilden sie neue Seitentriebe aus und werden so immer üppiger. Gerade im Hochbeet, wo mehrere Tomatenpflanzen auf engem Raum gedeihen sollen, ist dies eher ungünstig. Sie wachsen ineinander und stehen sich gegenseitig im Weg. Außerdem kostet die Ausbildung der vielen Triebe die Pflanze ganz schön viel Kraft und die fehlt ihr dann an anderer Stelle, nämlich bei den Früchten. Deshalb ergibt es Sinn, die unnötigen Triebe frühzeitig zu entfernen, was im Gartenjargon „ausgeizen" heißt. Sind die Triebe noch sehr jung, können sie einfach mit den Fingernägeln abgeknipst werden. Bei dickeren Trieben hilft eine Gartenschere. Wichtig: Nur die jungen Seitentriebe aus den Blattachseln entfernen, keine Triebe mit Fruchtansätzen!

BRENNNESSELJAUCHE

Pflanzenjauchen entstehen durch das Vergären von Pflanzenteilen in Wasser. Die Brennnesseljauche zählt wohl zu den bekanntesten Pflanzenjauchen und ist einer der meist genutzten organischen Dünger. Unter Hobbygärtnern ist sie beliebt, denn sie ist ein Naturprodukt, kostenlos und leicht selbst herzustellen.

Warum solltest du mit Brennnesseljauche düngen?
Brennnesseljauche gibt deinen Pflanzen Kraft! Der natürliche Dünger enthält Stickstoff, Kalium und viele weitere wichtige Mineralien, die deinen nährstoffliebenden Pflanzen einfach guttun. Außerdem kann die Jauche bei der Bekämpfung von Schädlingen helfen.

Das brauchst du zur Herstellung von Brennnesseljauche:

1. Frische Brennnesseltriebe
2. Wasser

Und so stellst du Brennnesseljauche her:

Schneide die Brennnesseln mit einer Schere klein (Achtung: Gartenhandschuhe benutzen!) und fülle sie in ein großes Gefäß. Eine alte Regentonne oder ein alter Eimer eignen sich hervorragend. Gieße nun Wasser (am besten Regenwasser) über die Brennnesseln und rühre ein paarmal kräftig um, bis alle Pflanzenteile mit Wasser bedeckt sind. Nun deckst du das Gefäß luftdurchlässig ab und lässt die Jauche 10–14 Tage ziehen. Wichtig: Einmal täglich umrühren! Fertig ist die Brennnesseljauche, sobald beim Umrühren keine Bläschen mehr aufsteigen.

Und so nutzt du die Jauche:

Es gibt zwei gängige Methoden, wie du die Jauche verwenden kannst:

1. Zur Düngung: Mische etwas Brennnesseljauche und das Gießwasser im Verhältnis 1:10 und versorge die Pflanzen in regelmäßigen Abständen damit.
2. Zur Schädlingsbekämpfung: Hierfür lässt du die Brennnesseln nur 12–24 Stunden ziehen, seihst sie ab und füllst diese noch nicht vergorene Flüssigkeit in eine Sprühflasche. Damit benetzt du zum Beispiel von Blattläusen befallene Pflanzen.

DIREKTSAAT

Der Begriff „Direktsaat" kommt eigentlich aus dem Ackerbau, wo er das Ausbringen der Saat ohne vorhergehende Bodenvorbereitung, zum Beispiel Pflügen oder Eggen, beschreibt. Beim Gärtnern meint Direktsaat die direkte Aussaat der Samen ins (Hoch-)Beet ohne Vorkultur. Die Direktsaat bietet sich nicht für jede Pflanze an. Für die jeweiligen Aussaatmöglichkeiten solltest du immer die Anleitung auf dem Samentütchen beachten.

DUNKELKEIMER

Als Dunkelkeimer werden Pflanzen bezeichnet, deren Samen für die Keimung Dunkelheit benötigen. Bei der Aussaat werden die Samen dieser Pflanzen in die Erde gesteckt und mit Erde bedeckt. Wie tief hängt von der jeweiligen Art ab. Zusätzlich benötigen alle Pflanzen für die Keimung Wasser, Wärme und Sauerstoff. Detaillierte Angaben zu den optimalen Keimbedingungen findest du meist auf dem Saattütchen.

DÜNGEN

Damit Pflanzen wachsen und gedeihen, benötigen sie Nährstoffe. Wenn du dein Hochbeet gerade erst angelegt und befüllt hast, sind allein durch die Komposterde schon reichlich Nährstoffe vorhanden. Das Düngen kann auf ein Minimum beschränkt werden und starkzehrende Pflanzen können trotzdem gut gedeihen. Damit der Boden mit der Zeit nicht auslaugt, solltest du den Nährstoffgehalt aber ab und an wieder erhöhen, also düngen. Es gibt zwei verschiedene Arten der Düngung: organische und mineralische Düngung. Hier findest du die Vor- und Nachteile kurz im Überblick:

ORGANISCHE Düngung

VORTEILE	NACHTEILE	BEISPIEL
NATÜRLICH/ ÖKOLOGISCH (PFLANZLICHER/TIERISCHER URSPRUNG)	KAUM SOFORTWIRKUNG (AUSSER BEI FLÜSSIGEN DÜNGERN)	KOMPOST
LANGFRISTIGE ERHALTUNG UND VERBESSERUNG DER BODENSTRUKTUR	KANN EBENFALLS ZUR ÜBERDÜNGUNG FÜHREN UND INS GRUNDWASSER GELANGEN, IST ABER VOR ALLEM EIN PROBLEM BEIM ÜBERMÄSSIGEN EINSATZ TIERISCHER JAUCHE/GÜLLE IN DER LANDWIRTSCHAFT	HORNSPÄNE/HORNMEHL
HILFT, NÄHRSTOFFGEHALT IM BEET DAUERHAFT HOCH ZU HALTEN		STALLMIST
SCHAFFT NAHRUNG FÜR MIKROORGANISMEN		PFLANZLICHE JAUCHE
HOHE PFLANZENVERTRÄGLICHKEIT		GUANO
IN RICHTIGER DOSIS UNSCHÄDLICH FÜR MENSCH, TIER UND UMWELT		VINASSE
		GRÜNDÜNGUNG

MINERALISCHE Düngung

VORTEILE	NACHTEILE	BEISPIEL
EINFACH IN DER HANDHABUNG	*WIRD UNTER EINSATZ VON ENERGIE UND (JE NACH DÜNGER) BEGRENZTEN ROHSTOFFEN INDUSTRIELL HERGESTELLT*	*BLAUKORN*
SOFORTIGE WIRKUNG	*KURZE WIRKUNGSDAUER, DIE SCHNELL WIEDER NACHLÄSST*	*BITTERSALZE*
KANN GEZIELT BEI DEFIZITEN BESTIMMTER NÄHRSTOFFE EINGESETZT WERDEN	*NICHT ÜBER LÄNGERE ZEIT-RÄUME EMPFEHLENSWERT*	*KALKSTICKSTOFF*
	MUSS VOR KINDERN UND HAUSTIEREN GESICHERT AUFBEWAHRT WERDEN	
	BEI ÜBERDÜNGUNG WIRD ER NICHT KOMPLETT ZERSETZT UND KANN INS GRUND-WASSER GELANGEN	

Derks Tipp

Wenn die Pflanzen kurzfristig mit Stickstoff versorgt werden müssen, hilft es, einmal wöchentlich mit Brennnesseljauche zu gießen. Sie wirkt wie ein flüssiger Sofortdünger. Organischer Dünger wie Kompost wird einmal vor der Gartensaison im Frühjahr und bei Bedarf einmal danach im Herbst ausgebracht.

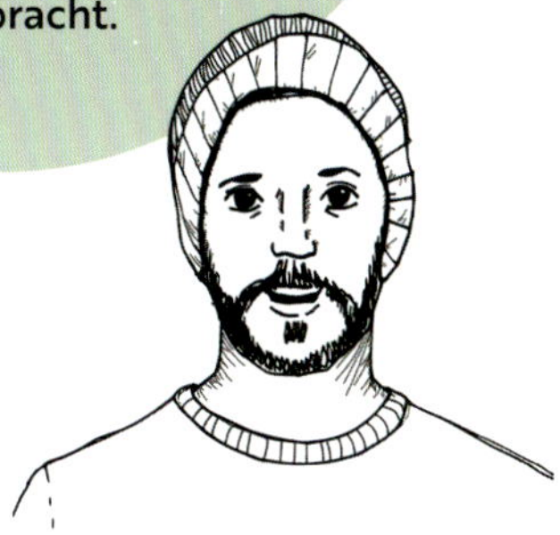

EISHEILIGE

Die Eisheiligen sind eigentlich Gedenktage für verschiedene Heilige zwischen dem 11. und 15. Mai. Warum sie gerade für Gärtner wichtig sind? Weil an diesen Tagen ein letzter, plötzlicher Kälteeinbruch wahrscheinlich ist und Nachtfröste nicht ausgeschlossen sind. Verschiebe deshalb bei empfindlichen Gewächsen das Auspflanzen nach draußen besser auf die Zeit nach den Eisheiligen!

GEBEIZTE SAMEN

Beizen nennt man die Behandlung von Saatgut mit Pflanzenschutzmitteln. Das Verfahren wird vor allem in der Landwirtschaft eingesetzt, um das Saatgut beim Anbau im großen Stil vor Pilzbefall und Schädlingen zu schützen.

GIESSEN

Wasser ist (wie Sonne und Nährstoffe) lebenswichtig für alle Pflanzen! Dabei hat jede Pflanze ihren ganz individuellen Wasserbedarf. Jeweils zu Beginn der in diesem Buch aufgeführten Beete findest du eine Übersicht der Pflanzen mit einer Info zu ihrem Sonnen-, Wasser- und Nährstoffbedarf. Am Beispiel des „Kleinen Italieners" wird deutlich, dass diese Bedürfnisse von Pflanze zu Pflanze sehr unterschiedlich sein können. So sind Knoblauch und Zwiebeln zum Beispiel äußerst genügsam und zu viel Wasser bekommt ihnen nicht, wohingegen Tomaten und Basilikum sehr viel Wasser brauchen! Richtig gießen ist kein Hexenwerk, solange du dich auf die individuellen Bedürfnisse einstellst. Beachtest du dann noch ein paar allgemeine Tipps und Tricks, wirst du schnell zum Gießprofi:

Der richtige Zeitpunkt:
Optimal ist es, die Pflanzen am Morgen zu gießen. Bei der Mittagshitze verdunstet das Wasser wegen der hohen Temperaturen zu schnell. Außerdem droht Sonnenbrandgefahr! Das Gießen am Abend ist ebenfalls möglich, das Risiko von Pilzinfektionen erhöht sich dadurch aber.

Das richtige Gieß-Werkzeug:
Die gute alte Gießkanne ist ideal für dein Hochbeet. Anders als mit dem Gartenschlauch kannst du so gezielter und sanfter gießen. Wichtig: Möglichst direkt auf die Erde oberhalb der Wurzeln oder zwischen die Pflanzen gießen, nie von oben auf die Blätter und Triebe! Pilzinfektionen haben es leichter auf feuchten Pflanzen.

Das richtige Wasser:
Am allerliebsten mögen deine Pflanzen Regenwasser! Praktisch, denn das gibt es ganz umsonst. Für das Auffangen von Regenwasser gibt es über die normalen Regentonnen hinaus auch andere, attraktivere Behältnisse, wie alte Weinfässer oder Zinkwannen.

F1-HYBRID-SAATGUT

F1-Hybriden nennt man die erste Generation Saatgut, die durch gezielte Kreuzung von Mutterpflanzen mit unterschiedlichen Merkmalen erzeugt wurde. Der Vorteil: Positive Eigenschaften beider Elternteile werden gezielt kombiniert. Dadurch sind die aus diesem Saatgut gezogenen Pflanzen meist besonders ertragreich. Gerade in der Landwirtschaft ist das von Bedeutung. Der Nachteil: Du kannst das Saatgut von F1-Hybriden zwar ernten, aber: Die Nachkommen weichen in Geschmack und Aussehen meist von ihren Eltern ab. Wenn du auch nächstes Jahr wieder die gleichen Früchte ernten möchtest, musst du also wieder neues F1-Hybrid-Saatgut kaufen. F1-Hybriden sind auf dem Saatguttütchen mit dem Hinweis „F1" gekennzeichnet. Außerdem erkennst du sie am höheren Preis, da ihre Vermehrung aufwändiger als bei samenfesten Sorten ist.

KOMPOSTIERBARE MATERIALIEN

Kompostierbare Materialien sind Dinge, die nach einiger Zeit gänzlich verrotten und zu Erde werden. Dazu gehören zum Beispiel Gartenabfälle wie Laub, Baumbeschnitt und Pflanzenreste. Auch aus der Küche kannst du einiges kompostieren: Gemüseabfälle und Obstreste zum Beispiel. Auch Zwiebelschalen und Kaffeesatz darf auf den Kompost und sogar Teebeutel und Kaffeefilter verrotten im Boden. Was allerdings gar nicht geht, sind tierische Abfälle wie Käse, Wurst und Fleischreste. Damit lockst du lediglich Ratten und Mäuse an. Schalen von Zitrusfrüchten brauchen etwas länger zum Verrotten und sollten nicht in großen Mengen auf den Kompost gegeben werden und mit anderen Küchenabfällen gut gemischt werden. Bananenschalen werden hingegen schnell in Humus umgewandelt. Wie alles, was du auf den Kompost gibst, sollte es möglichst aus biologischem Anbau stammen.

KULTURDAUER

Als Kulturdauer wird die Zeit von der Aussaat bis zur Fruchtreife einer Pflanze bezeichnet, also die Zeit vom Wachstumsbeginn bis zur Ernte.

LICHTKEIMER

Als Lichtkeimer werden Pflanzen bezeichnet, deren Samen für die Keimung Licht brauchen. Für die Aussaat dieser Pflanzen bedeutet das, dass die Samen nur oberflächlich auf die Erde gelegt und leicht angedrückt werden. Bedeckt man sie mit Erde, sollte man sich merken: Die Erdschicht darf allerhöchstens so dick sein, wie die Samen selbst. Deshalb am besten gar nicht bedecken, sondern mit einer Sprühflasche feucht halten und sie so am Boden fixieren. Zusätzlich benötigen alle Pflanzen für die Keimung Wasser, Wärme und Sauerstoff. Detaillierte Angaben zu den optimalen Keimbedingungen findest du in der Regel auf dem Saattütchen.

PFLANZENPFLEGE

Von der Aussaat bis zur Ernte und darüber hinaus brauchen deine Pflanzen viel Pflege. Damit ist nicht gemeint, dass du sie jeden Tag streicheln und ihnen ein Gutenachtlied singen sollst. Vielmehr solltest du auf Folgendes achten:

– dass du welke oder vertrocknete Pflanzenteile und Blätter regelmäßig entfernst. Diese entziehen der Pflanze unnötig Kraft, die sie an anderer Stelle zum Wachsen braucht. Auch das kontrollierte Zurückschneiden und Stutzen wirkt sich positiv auf die Pflanze aus.

– dass du die Pflanze beim Wachsen (unter-)stützt. Mithilfe von Stöckern oder Rankhilfen kann die Pflanze gestärkt und ihr gleichzeitig eine Wuchsrichtung vorgegeben werden.

– dass du zwischen den Pflanzen im Beet für eine unkrautfreie Zone sorgst, indem du die Erde gelegentlich mit einer Handharke auflockerst.

PIKIEREN (AUCH „VEREINZELN")

Der Begriff „Pikieren" stammt aus dem Französischen und wird aus der Vokabel „piquer" hergeleitet, was so viel bedeutet wie „stechen". Es ist eine sehr wichtige Maßnahme bei der Vorkultur von Pflanzen und bezeichnet das Verpflanzen von zu dicht stehenden Sämlingen auf größere Abstände. Der Vorgang wird entsprechend auch als „Vereinzeln" bezeichnet.

Beim Herausnehmen der Sämlinge muss man zwar vorsichtig sein, kleinere Verletzungen der Wurzel regen sie aber sogar zu weiteren Wachstum an. Zum Pikieren wird ein sogenannter „Pikierstab" zu Hilfe genommen, den es im Pflanzenfachhandel zu kaufen gibt. Alternativ eignen sich aber auch ein Gemüsespieß, eine Stricknadel oder ähnliche Werkzeuge aus dem Haushalt.

Wann ist der richtige Zeitpunkt zum Pikieren?
Sobald die Pflanzen die ersten Blattpaare ausgebildet und etwa eine Größe von 4–5 cm erreicht haben. Das gilt sowohl für die Aussaat in Anzuchttöpfen als auch für die Direktaussaat im Beet.

Und so geht's:

1. Hebe die eng nebeneinander stehenden und ineinander verwurzelten Sämlinge an einem Blatt an und trenne sie vorsichtig voneinander. Das Ergebnis: viele kleine einzelne Sämlinge. Als Werkzeug hilft dir der Pikierstab.

2. Kontrolliere die Sämlinge, ob sie alle gut aussehen und gesund sind. Schwache oder kranke Sämlinge solltest du gleich aussortieren.

3. Die verbleibenden Sämlinge werden nun in einzelne Anzuchttöpfe oder bei der Direktsaat im Beet in genügend großem Abstand zueinander wieder eingepflanzt. Bereite dazu in der Erde vorher kleine Löcher mit dem Pikierstab vor. Nun kannst du die Sämlinge einsetzen, aber Vorsicht: Die Wurzeln sollten senkrecht in die Erde eingesetzt werden und der Wurzelansatz unter der Erde liegen. Nun schließt du das Loch mithilfe des Pikierstabs, drückst die Erde vorsichtig an und gießt den Sämling.

REIHENSAAT

Die Reihensaat ist eine Aussaatmethode, die im Ackerbau mithilfe von Aussaatmaschinen vorgenommen wird. Im Gartenjargon spricht man von „in Reihen säen", wenn man die Samen in vorgezogene, parallel zueinander verlaufende Rillen im Beet ablegt. Die Rillen zieht man vorher mit der Hand oder einem Gartenwerkzeug vor. Die Reihensaat hat den Vorteil, dass man die Übersicht im Beet behält. Du weißt so immer genau, wo welche Pflanze keimen und wachsen sollte. Unkraut kannst du viel schneller als solches ausmachen und zwischen den Reihen kann der Boden regelmäßig und einfacher aufgelockert werden.

SAMENFESTES SAATGUT

Es ist das Gegenteil von F1-Hybrid-Saatgut: Samenfest ist Saatgut, wenn die daraus gezogenen Pflanzen dieselben Eigenschaften aufweisen wie die Mutterpflanze. Wenn du Pflanzen aus samenfestem Saatgut ziehst, kannst du am Ende der Saison von ihnen Samen sammeln und diese im kommenden Jahr weiter verwenden.

VEREINZELN

siehe „Pikieren"

VERGEILEN

Pflanzen brauchen Licht! Vor allem bei der frühen Vorkultur auf der Fensterbank ist es den Pflanzen manchmal noch zu dunkel. Auf ihrer Suche nach Licht bilden sie lange, dünne Triebe aus, vernachlässigen gleichzeitig das Blatt- und Wurzelwachstum und werden anfällig für Krankheiten. Kurz: Sie „vergeilen". Leider vernachlässigen sie dann auch die Ausbildung von Früchten und Knollen, weshalb das „Vergeilen" unbedingt vermieden werden sollte.

VOLLREIFE

Als Vollreife wird der Zeitpunkt bezeichnet, an dem die Pflanze den höchsten Grad der Reife erreicht hat. Das heißt: Die Beerenfrüchte sind am süßesten, die Tomaten rot, die Kräuter am aromatischsten und die Blumen haben ihre volle Pracht entfaltet. Der Zeitpunkt variiert von Pflanze zu Pflanze.

VORKULTUR

Die Vorkultur ist sozusagen die alternative Aussaatmethode zur Direktsaat. In der Vorkultur werden Sämlinge in Anzuchttöpfen gepflanzt und auf der Fensterbank oder im Mini-Gewächshaus zum Keimen gebracht. So können neue Pflanzen in einem beschützten, warmen Raum ausgesät werden. Haben die Sämlinge eine stattliche Größe erreicht, können sie ins Freie umgesiedelt werden. Die Vorkultur bietet sich vor allem bei Pflanzen an, die frostempfindlich sind und nicht vor den Eisheiligen Mitte Mai ins Freiland dürfen. Zieht man die Samen bereits einige Wochen vorher auf der Fensterbank heran, kann man die Erntezeit im Beet deutlich früher erreichen. Netter Nebeneffekt: Wer zu Hause schon im Frühjahr mit der Vorkultur beginnt, kann viel eher in die Gartensaison starten und muss sich nicht bis Mitte Mai in Geduld üben! Ein ganz kleines bisschen Geduld brauchst du aber schon, denn mitten im Winter wäre es auf der Fensterbank zwar warm genug, aber noch zu dunkel zum Aussäen (siehe „Vergeilen").

WUCHSZENTRUM

Das Wuchszentrum, auch Herz der Pflanze genannt, bezeichnet den Bereich, aus dem die Pflanze neu austreibt. Dieser darf beim Rückschnitt nach Möglichkeit nicht verletzt werden, denn die Gefahr, dass die Pflanze im nächsten Jahr nicht wieder durchtreibt, ist groß!

AUF WIEDERSEHEN!

Auch das schönste Gartenjahr neigt sich einmal dem Ende zu. Obwohl wir der Ansicht sind, dass eine Saison von Januar bis Dezember geht, (weil einfach immer irgendwas zu tun ist), solltest du dir trotzdem auch mal ein bisschen Ruhe gönnen. Die Weihnachtszeit ist eine super Gelegenheit, um das Gartenjahr Revue passieren zu lassen und mit Punsch und Keksen mal so richtig durchzuatmen. Denken wir einmal zurück …

Bevor du dich ans Nachgärtnern unserer Beete gemacht hast, hast du Saatgutkataloge gewälzt, ein bisschen über Mischkultur, Fruchtfolge und Beetplanung gelernt und dich beim Anzuchtschalen-Basteln und Beetschilder-Bauen kreativ ausgetobt. Dann war die Zeit gekommen, es ging ans Hochbeet. Wie immer, wenn man etwas Neues ausprobiert, hast du vielleicht eine anfängliche Euphorie gespürt und dich voller Tatendrang an die Arbeit gemacht. Doch zum Gärtnern gehört, wie kann es anders sein, auch ein kleines bisschen Frust: Bestimmt hast du ab und zu geschwitzt, viel Unkraut geharkt, dich über die ersten Schädlinge geärgert, zwischendurch das Wetter verflucht und abends erschöpft versucht, die Erde unter deinen Nägel wegzukratzen. Doch das ist zum Glück nur die eine Seite: Die schönen Momente gibt es auch und sie werden dir in Erinnerung bleiben. Der erste Keimling, der Duft würziger Kräuter, die erste reife Tomate! Du hast frische Luft geatmet und den Kopf frei gekriegt, dein Beet gepflegt und gehegt und stolz wie Oskar die erste eigene Ernte ausgekostet! Wenn du dich jetzt schon auf die nächste Saison freust, können wir nur sagen: Herzlich willkommen, du bist nun offiziell einer von uns (Stadt-)Gärtnern!

Welches unserer Beete hat dir persönlich am besten gefallen und welches hast du nachgemacht? Wenn du während der Saison Fotos gemacht hast, freuen wir uns, wenn du diese inklusive deiner eigenen Erfahrungen auf unserem Instagram-Kanal mit uns teilst (@diestadtgaertner #diestadtgaertner). Wir – und sicher auch andere Hobbygärtner – freuen uns ebenfalls über deine ganz persönlichen Gärtnertipps und -tricks, Verbesserungsideen und deinen Lieblings-Gartenspruch. Sind Fragen offen geblieben? Dann schreibe uns gerne eine Nachricht an **hallo@diestadtgaertner.de**.

Die Gartenkunde ist eine komplizierte Wissenschaft und dieses Buch zeigt sicher nur einen winzigen Teil davon. Doch wir hoffen, dass wir deine Lust am Gärtnern wecken konnten und du dich auch im nächsten Jahr an einem der fünf Beete versuchst, oder dich mit eigenen Ideen in deinem Hochbeet austobst. So oder so – wir wünschen dir viel Spaß beim Buddeln und stets eine reiche Ernte!

Für mehr Grün im Grau
Für mehr Grün im Grau

DANK SAGUNG

Auch wenn es manchmal anstrengend ist und unsere Freundschaft zueinander auf die Probe stellt, sind wir sehr dankbar dafür jeden Tag das tun zu dürfen, was uns Spaß macht und selbstbestimmt unseren Weg gehen zu können. Das alles ist aber nur möglich dank:

- dem Rückhalt und dem Verständnis unserer Familien
- unseren großartigen Mitarbeitern. In diesem Fall vor allem dank Lotta Repenning (der saustarke Text) und unserem freien Fotografen Robert Schlossnickel aus Hamburg (die saustarken Fotos)
- den vielen netten Geschäftspartnern, Zulieferern und Kunden
- der Lebenshilfe in Nordhorn

Ganz besonders laut möchten wir an dieser Stelle Helga und Karl erwähnen. Das liebenswerte Paar aus Hamburg hat uns erlaubt, auf ihrem wunderschönen Grundstück die Hochbeete aufzubauen. Außerdem stand uns Helga, die früher selbst Gartenkunde unterrichtet hat, einen ganzen Sommer über mit Wissen und Tatendrang zur Seite! Wir sind dankbar für diese schicksalhafte Begegnung über Ebay-Kleinanzeigen, für die selbstlose Unterstützung und die vielen selbstgebackenen Kuchen (Jammi!). Ihr seid großartig!

Vielen, vielen Dank!

— ÜBER —
DIE STADTGÄRTNER

Seit 2011 widmen sich **die Stadtgärtner** nun schon ihrem Ziel mehr Grün ins Grau zu bringen. Gegründet von Derk, Jan und Torge begann das Abenteuer mit dem Verkauf handgerollter Samenbomben bei DaWanda (http://bit.ly/hochbeet-1). Schon bald bekamen die Produkte ein eigenes Zuhause auf www.diestadtgaertner.de und wuchern seitdem weiter ins Internet hinein. Seit Ende 2013 wird sogar Amazon begrünt (http://bit.ly/hochbeet-2).

Um das Produkt bekannter zu machen, wagten die Stadtgärtner sich 2013 aus der Deckung des Internets heraus und begannen auf Messen zu gehen und Einzelhändlern von den blühenden Geschäften durch Samenbomben vorzuschwärmen. Über Essen ging es nach München, Hamburg, Düsseldorf und Frankfurt. Geschlafen wurde in einem alten Bulli (Januar, unbeheizt, gefühlte -15° C, brrr) und geduscht wurde im Schwimmbad. Aber es hat sich gelohnt, denn kurze Zeit später konnten die Samenbomben bei Globetrotter, dem ersten Händler im Ladengeschäft, bestaunt werden. Was für ein Gefühl!

In der Zwischenzeit ist auch das Sortiment der Stadtgärtner gewachsen. Zu den Samenbomben gesellten sich Stecklinge, Minigärten, Saatgeschwister, blühende Grußkarten, Streuwiesen und sogar ausgewachsene Pflanzen. So verschieden die Produkte sind, haben sie dabei alle eine Gemeinsamkeit – sie sorgen für mehr Grün im Grau.

Auch räumlich haben die Stadtgärtner sich verändert. Aus einem dunklen Kellerraum sind sie auf einen alten Bauernhof in Nordhorn umgezogen, wo die Samenbomben jetzt gerollt werden. Konfektioniert und verschickt wird in der örtlichen Lebenshilfe und die Büroarbeit wird vor allem in Lübeck erledigt.

Noch Fragen? :-)

REGISTER

FÜR MEHR
GRÜN IM GRAU

Samenbomben

Werfen, warten, freuen! Mit unseren Samenbomben erschaffst du ganz mühelos bunte Inseln in Blumenkübeln oder direkt im Beet.

Streuwiesen

Mit diesen Dosen kann man zwar keine Löcher im Magen füllen, dafür aber kahle Stellen in deinen Blumenbeeten. Einfach Deckel öffnen, streuen und freuen!

Minigarten

Ob zum Vorziehen deiner Pflanzen oder für den eigenen Kräutergarten auf der Fensterbank: Der Minigarten enthält alle Zutaten, damit du direkt loslegen kannst.

Saatgut

Ob Blumen, Kräuter, Gemüse oder Obst – unsere Saatgeschwister machen Lust aufs Gärtnern! Dank Pflanzanleitung auch für Gartenneulinge ein ideales Geschenk.

Diese und viele weitere tolle Produkte findest du unter www.diestadtgaertner.de

Wunscherfüller

Ein Stück Natur in ein wunderschönes Produkt verwandelt – das sind unsere Wunscherfüller. Für jeden Anlass ein zauberhaftes Geschenk.

Blumenpresse

Mit unserer Blumenpresse haben deine Blumen ab sofort kein Verfallsdatum mehr – im Gegenteil: Du kannst ihre Schönheit einfangen und für immer bewahren.

Grußkarten

Unsere Karten werden in liebevoller Handarbeit gefertigt. Das Beste daran: Der Gruß verwandelt sich durch integriertes Blumensaatgut in einen bunten Blumenstrauß.

Tierfutter

Hier darf nach Lust und Laune geschlemmt werden: Unser Tierfutter bietet Köstlichkeiten für Eichhörnchen, Igel und Vögel – zum Kraft tanken und Genießen!

IMPRESSUM

Bibliografische Information der Deutschen Bibliothek.

Die Deutsche Bibliothek verzeichnet diese Publikation in der Deutschen Nationalbibliografie.

Detaillierte bibliografische Daten sind im Internet über http://www.dnb.de/ abrufbar.

EIN BUCH DER EDITION MICHAEL FISCHER

5. Auflage 2022

Text: Lotta Repenning

Covergestaltung: Anna-Maria Köperl

Produktmanagement: Anja Sommerfeld

Lektorat: Stefanie Syren, Freising

Layout: Anna-Maria Köperl

Satz: Sonja Bauernfeind

Fotos: © Robert Schlossnickel, Hamburg, www.robertschlossnickel.de (alle außer S. 52: © Die Stadtgärtner)

Illustrationen/Shutterstock: **Obst und Gemüse:** © Svesla Tasla, © Marharyta Kovalenko, © Epine, © klerik78, © shooarts, © Nikitina Karina, © nikiteev_konstantin, © GoodStudio, © Qilli, © Victoria Sergeeva; **Gartenelemente:** © Polina Valentina, © Komarova Svetlana, © Meilun, © Kate Garyuk

ISBN 978-3-960**93-714**-2

Gedruckt bei Polygraf Print, Čapajevova 44, 08001 Prešov, Slowakei

www.emf-verlag.de